KB253893

위로의 영성

상처입은 영혼을 위로하는 101가지 이야기

상처입은 영혼을 위로하는 101가지 이야기

로버트 스트랜드
ROBERT STRAND

위로의 영성

101 STORIES TO COMFORT YOUR WOUNDED SOUL

헨리 나웬의 머리말, 신현복 옮김

치유와 돌봄이 있는 희망의 선교동산
아침영성지도연구원
www.achimhope.or.kr
Achim Institute for Spiritual Direction

101 Stories
to Comfort Your Wounded Soul

Introduction by Henri J. M. Nouwen

Edited by Robert Strand

Translated by Shin Hyun-Bok

Published by New Leaf Press

All Right Reserved.

Korean Translation Copyright © 2002

by *Achim Institute for Spiritual Direction*

헨리 나웬의 머리말

'위로'라는 말은 참 아름다운 말입니다. 이 말은 '외로운 사람'과 '함께 하는 것'을 뜻합니다. 사람을 위로하는 일이야말로 마음을 쓰며 돌보는 일 가운데 가장 중요한 것이지요.

인생은 고통과 슬픔과 외로움으로 가득 차 있습니다. 그러기에 우리는 흔히 압도해 오는 눈앞의 고통을 덜기 위하여 무엇을 할 수 있겠는가를 생각합니다. 우리는 사람을 위로할 수 있습니다. 또 그렇게 해야 하구요. 아기를 잃은 어머니, 에이즈에 감염된 젊은이, 집이 송두리째 불타버린 가정, 부상당한 군인, 자살을 시도한 십대 청소년들, 그리고 내가 왜 지금까지도 살아 있어야 하는지를 의심하는 노인……. 우리는 이런 이들을 위로할 수 있습니다. 또 그렇게 해야 하구말구요.

위로한다고 해서 고통을 가져가 버리는 것을 뜻하지는 않습니다. 그것은 오히려 함께 있어 주는 것입니다. 그것은 이렇게 말하는 것을 뜻합니다.

> "당신은 혼자가 아닙니다.
> 내가 당신과 함께 있습니다.
> 우리가 그 고통을 함께 감당할 수 있습니다.
> 두려워하지 마십시오.
> 내가 여기 있습니다."

이것이 진정한 위로입니다. 우리는 모두 이러한 위로를 주고받을 필요가 있는 인생들입니다.

우리는 누구나 상처입은 사람들입니다. 그렇다면 과연 누가 우리에게 그런 상처를 주는 것일까요? 우리는 흔히 우리가 사랑하는 사람들이나 우리를 사랑하는 사람들로부터 상처를 받습니다. 때때로 우리는 거절당했다고 느낄 때가 있습니다. 버림받았다고 느낄 때도 있습니다. 학대받고 이용당했다고 느낄 때도 있습니다. 또는 폭력을 당했다고 느낄 때도 있습니다. 그런데 그런 느낌은 우리 부모, 우리 친구, 우리 배우자, 우리 연인, 우리 아이들, 우리 이웃, 우리 선생님, 우리 목회자 같이 주로 우리와 가장 가까운 사람들에게서 오는 것이랍니다.

우리를 사랑하는 바로 그 사람들이 우리에게 상처도 안겨줍니다. 이것이 우리 인생의 비극입니다. 마음에서 우러나오는 용서를 하기가 그토록 어려운 것도 바로 이런 이유 때문입니다. 상처를 받는 것은 정확하게 말해서 우리의 마음입니다. 우리는 이렇게 울부짖습니다: "나를 위해 존재해 주었으면 했던 너인데, 그런데 바로 그런 네가 나를 버리다니……. 어떻게 내가 그런 너를 용서할 수 있겠니?"

용서는 흔히 불가능한 것으로 보입니다. 그러나 하나님께 불가능이란 없습니다. 우리 안에 거하시는 하나님께서 우리의 상처입은 자아를 초월하시어 은혜를 베풀어 주실 것입니다. 하나님께서는 이렇게 말씀하십니다: "하나님의 이름으로 당신은 용서를 받았습니다." 지금, 상처입은 형제자매 여러분, 그런 은혜를 구하는 기도를 하나님께 드려보시지 않겠습니까?

돌봄(care of soul)은 치유(cure of soul)와 다른 말입니다. 치유는 '변화'를 뜻합니다. 의사, 변호사, 목사, 사회복지사 같은 이들은 모두 자신의 전문가적인 기술을 이용하여 사람들의 삶에 변화를 가져오고 싶어합니다. 그들은 자신들이 어떤 식으로 치유를 하든 그것에 대하여 사례를 받습니다. 그러나 치유는—바람직한 것일지 모르겠으나—돌봄에서부터 자라나오지 않을 때, 쉽게 과격해지고 조작적이거나 파괴적인 모습으로까지 변질될 수도 있습니다.

돌봄은 같이 있어 주는 것입니다. 같이 울어 주는 것입니다. 같이 고생하는 것입니다. 같이 느껴 주는 것입니다. 돌봄은 측은하게 여기는 것입니다. 돌봄은 다른 사람도 나처럼 인간적이며 죽을 수밖에 없고 취약한 나의 형제자매라는 것이 진리임을 주장하는 것입니다.

돌봄이 우리의 가장 우선적인 관심이 될 때, 치유를 선물로 받을 수도 있습니다. 우리가 치유할 수는 없을지라도 언제나 돌볼 수는 있습니다. 돌봄은 바로 인간답게 되는 것입니다.

우리는 손길을 통하여 말을 하지 않고도 사랑을 이야기할 수 있습니다. 우리가 어렸을 때에는 사람들이 우리를 많이 만져 주었습니다. 헌데 우리가 어른이 되면서부터는 우리를 만져 주는 사람이 거의 없어졌습니다. 그러나 아직도 우정에 관해서는 말보다 육체적인 접촉이 더 생명력이 있습니다.

> 우리 등을 두드려 주는 친구의 손,
> 우리 어깨 위에 올린 친구의 팔,
> 우리 눈물을 닦아 주는 친구의 손;
> 우리 이마에 입맞추는 친구의 입술…….

정신지체 장애우들이 모여 사는 라르쉬 데이브레이크 새벽공동체에서 한 장애우 형제를 위로하고 있는 헨리 나웬, 1992.

이런 것들이 모두 진정한 위로가 됩니다. 이런 순간은 진실로 거룩한 순간들입니다. 육체적 접촉은 회복을 가져옵니다. 화해하게 합니다. 안심시켜 줍니다. 용서하게 합니다. 그리고 치유를 가져다 줍니다.

예수님을 만진 사람이나 예수님이 만지신 사람은 모두 다 치유되었습니다. 하나님의 사랑과 능력이 예수님께로부터 나왔습

니다(누가복음 6:19 참조). 친구가 자유롭고 소유하지 않은 사랑
으로 우리를 만져 줄 때, 실제로 우리를 만져 주는 것은 다름
이 아니라 사람을 통한 하나님의 사랑입니다. 우리를 치유하는
것은 바로 그 하나님의 권능이라는 말입니다.

　　우리 인생 행로에는 때때로 슬퍼할 때도 있고 춤출 때도 있
습니다(전도서 3:4). 그러나 슬퍼하는 것과 춤추는 것은 결코
완전 분리되는 것이 아닙니다. 슬퍼할 때와 춤출 때는 반드시
어느 하나가 다른 하나를 뒤따라가는 게 아니지요. 사실 이 두
'때'는 하나의 '때'가 될 수도 있습니다. 이 둘 가운데서 어느
게 끝나고 어느 게 시작되는지 그 시점이 명확하지 않은 채 슬
픔이 춤으로 그리고 춤이 슬픔으로 바뀝니다.
　　흔히 우리 슬픔은 우리들을 춤추게 합니다. 또 우리 춤은 우
리 슬픔을 위한 공간을 창조해 내기도 합니다. 사랑하는 친구
를 잃고 흘리는 눈물 속에서 우리는 알지 못하는 기쁨을 발견
하기도 합니다. 성공을 축하하는 파티 한가운데서도 우리는 깊
은 슬픔을 느낄 수 있습니다.
　　마치 우리를 울리기도 하고 웃기기도 하는 어릿광대의 얼굴
이 슬퍼 보이기도 하고 기뻐 보이기도 하는 것처럼 슬픔과 춤,
비통함과 웃음, 애통함과 기쁨은 모두 한 곳에 속해 있는 것들
입니다. 인생의 아름다움은 이렇듯 슬퍼하는 것과 춤추는 것이
서로 맞닿는 곳에서 볼 수 있습니다.

　　가을 단풍잎은 빨강, 자주, 노랑, 황금, 고동 등 수많은 색
깔들이 형형색색 서로 섞여서 조화를 이룸으로 보는 이들을 눈
부시게 합니다. 그러나 이 단풍잎들은 말로 다 형용할 수 없는

아름다움을 보여준 뒤, 언제 그랬느냐는 듯 금새 땅에 떨어져 시들어 갑니다. 단풍잎이 떨어져 버린 앙상한 나무는 이제 겨울이 다가왔음을 우리에게 상기시켜 줍니다. 우리네 인생살이도 이와 마찬가지입니다. 인생의 가을도 찬란할 수 있습니다. 곧 지혜, 유머, 돌봄, 인내, 그리고 기쁨이 찬란하게 그 꽃을 피울 수 있습니다. 우리에게 죽음이 다가오기 전까지는……

죽음은 고통스러운 상실입니다. 장례예식을 마치고 집으로 돌아오는 우리 마음은 그래서 슬픔에 잠깁니다. 죽음은 우리가 점점 더 작아져서 인생의 수평선 너머로 마침내 사라져 가는 것을 뜻하지요. 우리는 배가 항구를 떠나서 수평선을 향하여 항해하는 것을 바라봅니다. 그 배는 점점 더 작아져서 우리가 그 모습을 볼 수 없게 됩니다. 그러나 우리는 또 어떤 분이 수평선 저편 너머 해안가에 서서, 바로 그 배가 점점 더 크게 모습을 보이며 마침내 새로운 항구에 들어오는 광경을 보고 계시다는 것을 믿어야 합니다. 수평선 저편 해안에 서서 우리 사랑하는 친구를 새 집으로 영접하시려 간절히 기다리고 계시는 그 분을 생각할 수만 있다면, 우리는 눈물을 헤치고 나오는 잔잔한 미소를 느낄 수 있을 것입니다.

인생의 가을을 묵상하는 이 영성의 계절, 앙상한 나뭇가지 사이로 아련히 떠오르는 소중한 얼굴들을 회상하면서, 그들이 우리 가슴에 남겨준 아름다운 추억에 감사를 드립시다. 그리고 또 다시 주님의 위로 속에서 희망의 새 봄을 기다립시다.

헨리 나웬
(전 하버드대학교 영성지도 교수)

차 례

2. 사랑의 나눔 있는 곳에 하나님께서 계시도다

3. 모든 문제는 결국 삶의 의미 문제다

내가 너와 함께 있으니 두려워하지 말아라. 내가 너의 하나님이니 떨지 말아라. 내가 너를 강하게 하겠다. 내가 너를 도와주고 내 승리의 오른팔로 너를 붙들어 주겠다(이사야 41:10).

1

절망의 터널 끝에서
희망을 보다

God is Our Hope

절망의 터널 끝에서 희망을 보다

명사와 형용사

몇 년 전, 어느 학교 선생님 한 분은 큰 병원에 입원해 있는 아이들을 방문하는 업무를 맡게 되었습니다. 그 여선생님이 하는 일은 아이들이 퇴원하여 학교로 돌아왔을 때 진도에 너무 뒤쳐지지 않도록 아이들을 개인 지도하는 일이었지요.

어느 날, 이 선생님은 한 특별한 아이를 방문하라는 전화를 받았습니다. 그녀는 아이의 이름과 병원 그리고 입원실 번호를 적었습니다. 전화 말미에 그 아이의 담임 선생님은 이렇게 말했습니다: "저희는 현재 명사와 형용사에 대하여 수업을 하고 있고요, 선생님은 그 학생이 다른 아이들보다 뒤쳐지지 않도록 제가 내준 숙제를 지도해 주신다면 고맙겠습니다."

병원을 방문한 선생님은 아이의 입원실까지 오고 나서야 비로소 아이의 입원실이 화상 병동에 있음을 알게 되었습니다. 그러나 아무도 그녀에게 미리 일러주지 않았기 때문에, 그녀는

아직 마음의 준비가 되어 있지 않았습니다. 또한 감염의 가능
성이 있었기 때문에 그녀는 소독한 가운과 모자를 써야만 했
고, 소년의 몸과 침대에는 절대로 손을 대지 말라는 말을 들었
습니다. 그녀는 소년 가까이에 갈 수는 있었지만, 마스크를 반
드시 쓰고 말을 해야 했습니다.

그녀는 예비 세척을 모두 마친 뒤 규정된 복장을 하고 숨을
깊게 몰아 쉰 다음, 병실로 들어갔습니다. 심하게 화상을 입은
어린 소년은 심한 고통 속에 있었지요. 그 순간 선생님은 어색
해서 어떤 말을 해야 할지 몰랐지만 뒤돌아서 나오기에는 이미
너무 늦어 버린 걸 깨닫고 겨우 더듬거리며 말했습니다: "나는
특별히 병원을 방문하는 선생님이란다. 네 담임 선생님께서 명
사와 형용사에 대하여 너와 공부를 하라고 하셨어." 그러나 그
지도를 마친 뒤 그녀는 이 수업에 만족할 수가 없었습니다.

다음 날 아침, 그녀가 다시 병원에 왔을 때 화상 병동의 한
간호사가 물었습니다: "그 소년에게 어떻게 한 거죠?"

그녀가 장황하게 사과의 말을 늘어놓자 말을 끊으며 간호사
는 말했습니다: "제 말을 이해하지 못하셨군요. 저희는 그 아이
에 대하여 걱정을 많이 했었는데 선생님이 어저께 여기에 다녀
가신 뒤로 아이의 태도가 완전히 바뀌었어요. 아이가 병과 싸
워내고 치료에 반응을 나타내고 있어요……마치 살려고 결심을
한 것 같아요."

나중에 그 소년은 선생님을 보기 전까지는 희망을 완전히 버
렸었고 자신은 죽을 거라고 느꼈었다고 설명했습니다. 그러나
모든 것은 단순한 깨달음으로 얻은 통찰 때문에 변해 버렸지
요. 아주 심하게 화상을 입어서 희망을 포기했었던 이 어린 소
년은 두 눈에 기쁨의 눈물을 머금고 이렇게 설명했습니다: "죽

어가고 있는 소년에게 뭐하러 명사와 형용사를 가르칠 선생님
을 보내겠어요? 그렇지 않겠습니까?"

안개가 걷히고

역사적으로 유명한 워털루 전쟁은 1815년 6월 18일에 일
어났습니다. 현대를 사는 우리의 시각으로 볼 때, 그 전투는
국가들의 운명을 결정짓는 전쟁이었지요. 그 당시 프랑스군은
나폴레옹 지휘 아래, 그리고 영국과 독일과 네덜란드의 동맹군
은 웰링톤 경의 지휘 아래 전투를 하고 있었습니다.
　당시의 통신 수단은 오늘과 같이 발달되지 않았습니다. 그래
서 영국 군인들은 전투 상황을 수기 신호를 사용하여 통신했는
데, 원시적인 이 방법은 신호병들의 잦은 실수로 믿을 만한 것
이 못 되었습니다.
　어느 날, 수기 신호소 가운데 하나인 런던의 윈체스터 대성
당 탑에 신호가 날아들었습니다. 그때는 아직 날이 저물진 않
았지만, 늦은 시간이었지요. 사람들은 눈이 빠지도록 소식을
기다리고 있던 중이었습니다.
　"월-링-톤-장-군-이-적-들-에-게" 여기까지 신호를 받았
는데, 갑자기 런던의 그 유명한 안개가 끼기 시작했습니다. 그
날 밤은 더 이상의 신호를 받을 수 없었습니다. 하지만 수기
신호 내용은 월링톤 장군이 적들에게 패했다는 소식으로 둔갑
해, 온 런던과 인근의 시골에까지 퍼져 나갔습니다. 중요한 전
쟁에서 대패했다는 소식에, 그 날 밤 영국 전체가 깊은 슬픔에
가득 찼지요.

그 밤이 지나고, 다시 아침이 되었습니다. 어제 다 못 들어온 수기 신호가 다시 들어왔습니다. 근데 전체 메시지 내용은 두 마디가 아니라 네 마디였습니다. "월-링-톤-장-군-이-적-들-에-게-대-승-을-거-두-었-다!" 몇 분도 채 안 되어, 어제의 슬픔과 패배는 기쁨과 승리로 바뀌었습니다.

예수님께서 무덤에서 부활하시어 우리에게 영생의 선물을 주셨을 때, 우리의 패배는 승리로 바뀌었습니다. 부활의 그 날로부터 주일의 참 의미가 비로소 시작되었습니다. 우리 그리스도인들에게 주어진 과제는 어떤 상황에서도 굴하지 않고 예수님의 사랑을 전하는 것이 되었습니다.

두 번째 기회

1929년 새해 첫날, 조지아 공대와 캘리포니아 대학은 로즈 보울에서 미식 축구 경기를 펼치고 있었습니다. 그런데 이 경기에서 캘리포니아 대학 소속의 로이 리젤스 선수는 헛잡았던 공을 다시 잡고는 무슨 영문인지 공을 잡은 채 자기 진영 쪽으로 달리기 시작했습니다. 그때 무언가 상황이 잘못 돌아가고 있다고 눈치 챈 그의 동료 선수 베니 롬은 리젤스가 터치 다운을 범하려는 순간까지 6야드나 따라가 그를 붙잡았죠. 그 뒤 캘리포니아 대학 팀이 다음 번 다운에서 펀트를 시도했을 때, 조지아 공대 팀이 공을 가로막아 세이프티를 기록해서 이제 한 점만 더 내줘도 지게 될 판이었습니다.

이 예사롭지 않은 전반전 경기를 보고, 모든 관중들은 코치인 닙스 프라이스가 후반전에는 로이 리젤스 선수를 벤치로 불러들일 거라고 생각했을 것입니다.

전반전이 끝나자, 선수들은 운동장에서 철수하고 탈의실로 들어갔습니다. 리젤스만 빼고 모두 벤치나 바닥에 허탈하게 앉아 있었습니다. 리젤스는 어깨에 담요를 두르고는 구석에 앉아서 얼굴을 두 손에 묻은 채 어린아이처럼 울고 있었죠.

미식 축구를 해보신 분이라면 코치가 보통 중간 휴식 시간 동안 팀에게 상당히 말을 많이 한다는 걸 아실 겁니다. 하지만 이 날 프라이스 코치는 아무 말이 없었습니다. 틀림없이 로이 리젤스에게 어떤 조치를 취할 것인데도 말이죠.

드디어 그가 입을 열었습니다. 바로 후반전 시작 3분 전이었죠. 프라이스 코치는 팀에게 간단히 말했습니다: "모두들 전반전 멤버 그대로 후반전을 뛴다."

리젤스만 빼고 모든 선수들은 일어서서 나가기 시작했습니다. 그러나 그는 꼼짝도 하지 않았습니다. 코치는 뒤돌아 보곤 그를 큰 소리로 불렀습니다. 여전히 리젤스는 움직이지 않았죠. 그러자 코치는 그가 앉아 있는 곳으로 가서 다시 말했습니다: "로이, 못 들었나? 전반전 멤버 그대로 후반전을 뛴다."

그 때 로이 리젤스는 고개를 들었습니다. 그의 얼굴은 눈물에 젖어 있었죠. "코치님, 전 죽어도 후반전을 뛸 수 없어요. 전 코치님을 망쳤어요. 전 캘리포니아 대학도 망쳤어요. 저 자신도 망쳤구요. 또 다시 나가서 관중들을 대할 순 없어요."

그러자 코치는 손을 뻗어 리젤스의 어깨에 대고 말했습니다: "로이, 일어나서 나가자. 경기는 이제 겨우 절반만 지났을 뿐이라구!" 그리하여 로이 리젤스는 경기에 나갔습니다. 아마도 조지아 공대 팀은 그 날 후반전에서의 로이처럼 용기백배한 선수는 보지 못했다고 말할 수 있을 것입니다!

　나의 친구들이여, 인생은 아직 끝나지 않았습니다! 새해는 새로운 기회와 새로운 시작과 다시 해볼 수 있는 또 다른 행운을 가져다줍니다! 다시 한번 일어섭시다! 하나님은 또 다른 기회를 주시는 분입니다!

스카이 싸이클의 실패

　무더운 여름날 오후였습니다. 1,700피트 깊이의 스네이크 리버 협곡은 또아리를 틀고 위협적으로 꼬리를 흔들어 대는 뱀처럼 거대한 아가리를 벌려 자칭 정복자라는 이상한 캡슐을 집어 삼켰습니다. 이 이상한 캡슐은 '스카이 싸이클 엑스-2'를 고안한 로버트 트루액스 박사가 계획하고 만든 것이었지요.
　이 쇼의 주인공인 젊은이는 캡틴 마블과 닮은 것 같기도 하고 빌리 배스톤을 약간 더 닮은 것도 같았습니다. 그건 그렇다 치고 이야기를 한번 들어보십시오.
　스카이 싸이클의 도약은 실패했습니다. 완전한 실패였지요! 이 스카이 싸이클이 협곡을 반쯤 건너갔을 무렵, 문제가 생겼습니다. 구경꾼들은 스카이 싸이클을 타던 사람이 바닥에 떨어져 낙하산 밑에서 버둥거리는 걸 지켜보았습니다. 하지만 그를 동정할 필요는 없었지요. 그도 부끄러운 감정 따위는 느끼지 않았을 테니까요.
　사람들이 실패 상황을 수습하러 구급차와 구조원을 보냈습니다. 구경꾼들이 "어서 탈출하시오!"라고 소리치고 있을 때, 그는 부서진 비행기 생각을 하고 있었습니다! 실패를 부끄러워하지 않고 웃으며 뒷주머니에 손을 꽂고는 여전히 자부심을 가진

채 상황을 극복해 낼 수 있는 사람은 도전할 것이 반드시 있어
야 합니다. 물론 그건 굉장한 시도였으나, 완전히 실패였습니
다. 믿으실 지 모르겠지만, 이 육백만 불의 사나이는 모토 싸
이클 선수이자 스턴트맨인 이벨 크니에벨즈였습니다.

기나긴 스포츠 역사 속에서 이 사람만큼 비참한 실패를 당한
사람도 아마 없었던 것 같습니다. 비록 스카이 싸이클의 잔해
는 협곡 전체에 산산이 부서져 내렸지만, 새처럼 날아오르기를
시도했던 이 사람은 은행가처럼 큰 돈을 벌었습니다! 하지만 다
시 한번 생각해 보면 아이다호에서 일어난 이 사건에도 하나의
진리가 있지요. 그것에는 돈 이상의 의미가 있습니다. 바로 인
생의 철학이 담겨져 있는 거지요.

테디 루즈벨트는 그것을 이렇게 표현하고 있습니다: "실패로
얼룩지더라도 힘든 일에 도전하여 명예로운 승리를 쟁취하는
것은 승리도 실패도 모르고 회색빛 황혼 속에서 즐기지도 괴로
워하지도 않는 불쌍한 사람들과 어깨를 나란히 하는 것보다 훨
씬 나은 일이다!"

그렇다면, 여러분은 무엇을 기다리고 있습니까? 도전하지 않
는다면 아무 것도 얻지 못합니다. 바로 오늘을 위하여 지금까
지 한 번도 해보지 않았던 일을 해보는 것이 어떻겠습니까?

곤경 때문에

20세기 초 젊은 클래어런스는 여자 친구와 함께 호수 근처
로 소풍을 갔습니다. 그는 높은 칼라에 목이 꽉 죄는 양복을
차려 입었지요. 여자 친구도 열 개가 넘는 속치마를 입어야 하

는 긴 드레스를 입고 양산을 들었습니다. 클래어런스가 열심히 노를 젓고 있는 동안, 여자 친구는 사랑스럽고 아리따운 모습으로 양산을 받치고 앉아 있었습니다. 그는 노를 저으며 그녀의 향수 냄새를 즐기고 있었지요.

태양은 뜨겁게 내리쬐고 얼굴이 땀으로 범벅이 되어도 클래어런스는 여자 친구의 미소를 바라보며 그녀의 아름다움에 매혹당하고 있었습니다. 마침내 목적지인 호수 가운데 있는 작은 섬에 도착했지요. 클래어런스는 배를 섬 기슭에 대고 여자 친구가 배에서 내리도록 도와주었습니다.

나무 그늘 아래 자리를 잡은 뒤, 그녀는 부드럽게 속삭이듯이 그에게 말하기 시작했습니다. 그는 그녀의 사랑스런 목소리에 귀를 기울였지요.

그녀가 속삭였습니다: "자기, 아이스크림을 안 갖고 왔잖아."

"아이스크림?" 클래어런스는 디저트로 아이스크림을 먹기로 했던 계획이 생각나며 중얼거렸습니다. 그는 다시 배를 저어 물가로 나와 가게를 찾아 아이스크림을 사 가지고 다시 섬으로 돌아갔지요. 그는 배에서 나와 나무 그늘로 터벅터벅 걸어갔습니다.

그녀는 아이스크림을 쳐다보고 짙은 푸른 색 눈동자 위로 긴 속눈썹을 깜빡이며 행복하게 말했습니다: "자기야, 초컬릿 시럽도 잊었어."

오, 어리석은 사랑의 힘이여! 클래어런스는 배에 올라 노를 저어 아까 갔던 가게에서 초컬릿 시럽을 사 가지고 배로 돌아와 찌는 듯한 오후에 노를 젓기 시작했습니다. 그러나 그는 노를 저어 반쯤 오더니 멈추었습니다. 그는 거기에 서서 '노를 젓지 않고 배를 움직일 수 있는 좋은 방법이 없을까'에 대하여 오후 내내 생각에 생각을 거듭하였습니다. 바로 그 뜨겁던 여름날 오후가 끝나갈 무렵, 클래어런스 에빈루드는 마침내 선외 모터를 발명해 내게 되었지요.

꾸며낸 이야기라고요? 그렇다면 '에빈루드 선외 모터'의 역사를 살펴보십시오. 첫 4개월 동안, 이 새로운 발명품을 광고하던 때에는 이 이야기가 아이디어의 원천으로 여겨졌습니다. 이건 사실이지요. 클래어런스는 나중에 그 여자 친구와 결혼을 했습니다.

"필요는 발명의 어머니입니다."

세상에서 대부분의 발견과 발명은 곤란과 필요의 순간에 나옵니다. 왜 그런가요? 사람은 최악의 상황에서 기회를 찾기 때문입니다. 만일 여러분이 역경 속에서 빠져 나올 기회를 찾으려는 태도를 기른다면, 여러분 역시 인생에서 성공할 것입니다.

비누 제조업자

몇 년 전, 열여섯 살의 어떤 젊은이가 자기가 가진 모든 것을 보따리에 싸 가지고 돈을 벌러 집을 떠났습니다.

길을 따라 내려가고 있을 때, 젊은이는 우연히 이웃에 사는 늙은 선장을 만났지요. 그는 운하에서 배를 모는 사람이었습니다. "어이, 윌리엄, 어딜 가나?" 선장이 물었습니다. "아직 어디로 갈지 잘 모르겠어요. 그래도 아버지가 너무 가난해서 더 이상 집에만 못 있겠어요. 그래서 어디 가서든 살 길을 찾아보려구요." "잘 생각했어, 정직하게 살게나. 곧 자네 형편도 펴질 거야." 선장이 이제 막 길을 떠나는 윌리엄에게 격려를 해주었습니다. 그러나 윌리엄은 자신이 할 수 있는 일이라고는 아버지를 도와서 했던 비누와 양초 만드는 일밖에는 없다고 했습니다. "그런가? 자, 우리 우선 기도하세나. 기도를 마치고 자네에게 해줄 이야기가 있네. 일단 내 이야기를 듣고 나서 길을 떠나게."

이 말을 하고서 선장은 윌리엄과 함께 운하의 배를 끌 때 나귀들이 걸어가는 길 위에 무릎을 꿇었습니다. 기도가 끝나고, 선장은 윌리엄에게 말했습니다: "이제 조만간 뉴욕에서는 비누 제조업을 선도할 사람이 나타날 걸세. 그게 자네일 수도 있다는 걸 명심하게. 그러나 부디 착하게 살게. 그리고 무엇보다도 자네의 온 삶을 예수님께 맡기게. 또 십일조는 하나님 것이니 반드시 드리고, 중량을 속이지 말고 정직하게 비누를 만들게. 확신하건대, 자네 앞길은 밝다네. 자넨 부자가 될 거야."

뉴욕에 도착한 윌리엄은 일자리 구하기가 어려웠습니다. 이렇게 힘들고 또 외롭고 쓸쓸한 가운데, 그는 어머니가 자기에게 해주었던 말씀과 떠나오던 날 선장이 자기에게 해주었던 말이 기억났습니다. "먼저 그의 나라와 그의 의를 구하라"는 말에 이끌려 우선 교회의 지체가 되었지요. 그리고 그는 십일조를 드리겠다던 약속을 기억하고는, 자신의 첫 수입을 쪼개어 하나님께 십일조를 드렸습니다. 첫 십일조는 10센트에서 시작했습니다.

윌리엄은 그 뒤 비누 제조 공장에서 정식 직장을 얻었고, 곧이어 그 직장에서 동업자로 승격했으며, 몇 년 뒤 사장이 되었습니다. 그는 비누 제조업을 하면서 선장과의 약속을 지켜 정직한 중량으로 제대로 된 비누를 만들었습니다. 회사 경리에게는 주님 앞으로 계좌를 개설해 회사 수입에서 십일조를 떼어 그 계좌에 예치토록 지시했습니다. 윌리엄은 성장을 거듭했고 사업도 날로 번창했지요. 가족들도 축복을 누렸고 비누도 잘 팔렸습니다. 윌리엄은 자신의 사업을 하나님 사업에 바친 거지요. 이 비누 제조업자가 바로 오늘 가정용품의 대명사인 콜게이트 사의 윌리엄 콜게이트랍니다.

패자?

아주 어렸을 때, 그의 별명은 스파키였습니다. 연재만화에 나오는 말 이름인 스파크플러그를 따서 아이들이 붙여준 별명이었지요. 그 후 스파키는 그 별명으로부터 벗어나질 못했습니다.

학교 생활은 스파키에게 정말 괴로웠습니다. 또한 중학교 2학년 때는 전 과목이 낙제였지요.

더군다나 물리는 빵점을 받아서, 그 학교가 생긴 이래 최악의 물리 성적을 기록했습니다. 이것만이 아니었지요. 라틴어와 영어와 수학에서도 낙제를 했습니다. 그렇다고 운동을 잘하는 것도 아니었지요. 가까스로 학교 골프 팀에 들어갔지만, 그 해 중요한 시합에서 지고 말았습니다. 게다가 패자부활전이 있었지만, 그 시합마저 지고 말았습니다.

유년 시절에, 스파키는 그리 사교적이지 못했습니다. 다른 아이들이 그를 싫어해서가 아니라, 아이들이 그에 대하여 무관심했기 때문이지요. 교실 밖에서 다른 아이가 인사라도 걸어오면 스파키는 깜짝깜짝 놀라곤 했습니다. 여자아이에게 데이트

신청했다가 거절당하는 것이 싫어서 그 흔한 데이트 한 번 한 적이 없었습니다. 한마디로 스파키는 실패자였지요. 자신뿐만 아니라 친구들도 다 그렇게 인정하였습니다. 그래서 그는 현실을 인정하고 그것에 만족하며 살았습니다.

하지만 한 가지 스파키에게도 잘하는 것이 있었습니다. 그것은 그림 그리는 일이었지요. 스파키는 자신의 작품이 자랑스러웠습니다. 물론 어느 누구도 그의 그림을 거들떠보지는 않았습니다. 고등학교 3학년 때, 그는 몇 장의 만화를 교지 편집장에게 제출했습니다. 그러나 거절당하고 말았지요.

결국, 스파키는 직업적인 만화가가 되기로 결심을 하고, 졸업 뒤 월트 디즈니에 편지를 써서 자신이 디즈니의 만화를 그릴 수 있는 자질을 가지고 있으니 채용해 달라고 했습니다. 그 뒤, 스파키는 디즈니사로부터 그의 작품에 대한 샘플 몇 점을 보내 달라는 편지를 받았습니다. 작품을 보내준 스파키는 답장을 기다렸으나, 내심 그 작품들이 떨어졌을 거라고 생각했습니다. 정말 그랬습니다.

그래서 그 뒤에는 어찌 됐을까요? 스파키는 어린 패배자, 만년 꼴찌였던 자신의 어린 시절을 만화로 그리기 시작했습니다. 그리고 지금은 전세계적으로 유명한 만화가 되었지요. 중학교 2학년 때 낙제했던 소년, 교지 편집장과 디즈니사로부터 작품을 거절당했던 젊은 만화가가, 바로 오늘 우리가 '스파키'로 알고 있는 찰스 먼로 슐츠입니다. '피너츠'라는 연재 만화와 날지 못하는 연을 가진 아이를 그린 만화 '찰리 브라운'을 그린 장본인이 바로 이 사람입니다.

고속도로에 쓰러진 아이

수년 전에 크리스마스를 몇 주 앞두고 캘리포니아 남부에서 있었던 일입니다. 내 친구 가운데 한 명이 그 당시 어느 지방 교회에서 부목사를 하고 있을 때 있었던 일을 나에게 들려주었습니다. 그는 아내와 함께 크리스마스 준비를 위하여 쇼핑을 하고 난 다음, 차의 앞좌석에 앉아서 부지런히 이야기를 하며 고속도로를 달리고 있었지요. 그때 딸은 혼자서 뒷좌석에 앉아 있었습니다.

그런데 갑자기 뒷문이 열리더니 처음 들어보는 이상한 소리가 들려왔습니다. 바람 소리가 휭하니 나더니, '악' 하는 외마디 비명소리가 났지요. 그래서 재빨리 뒤를 돌아보니 아이가 차에서 떨어져 고속도로 위에 쓰러져 있는 것이었습니다.

순간 공포가 엄습해 왔습니다. 그래서 아내는 브레이크를 잡고 차에서 내려 얼른 아이를 찾아 뒤쪽으로 뛰어갔습니다. 아이는 움직이지 않고 있었지요. 그런데 이상한 일이었습니다. 뒤따라오던 차들이 모두 딸이 쓰러진 곳 앞에서 마치 주차장인 양 서 있는 것이 아니겠습니까! 아이는 차에 치이지 않았던 것입니다. 놀라운 일이 아닐 수 없었지요! 하지만 그게 끝이 아니었습니다.

그들이 다가가 보니, 트럭 운전사가 뛰어 내려와 딸아이를 굽어보고 있었습니다. 그가 말했지요: "아이가 아직 살아 있어요. 가까운 곳에 병원이 있으니 아이를 옮기도록 합시다." 그는 부모들과 함께 아이를 데리고 자신의 트럭으로 가까운 병원까지 갔습니다. 비록 아이는 의식을 잃었지만, 아직 숨은 쉬고 있었지요. 바로 두 번째 놀라운 일이었습니다.

그들이 병원 응급실에 도착했을 때 의사가 재빠르게 와서 아이를 체크해 보았습니다. 마침내 의사가 말했습니다: "의식이 없고 상처가 난 것만 제외하면 아주 좋은 상태에 있습니다. 뼈도 전혀 부러진 곳이 없습니다. 혈압도 정상이고 심장도 괜찮습니다. 아주 좋군요." 상처라 할 만한 건 한 군데도 없었습니다. 단지 멍이 들었고 고속도로 위에서 나뒹구느라 피부가 좀 벗겨졌을 뿐이었지요. 세 번째 놀라움이었습니다.

어머니는 아이를 굽어보았습니다. 그녀의 눈은 눈물로, 그녀의 가슴은 놀라움에 대한 감사로 가득하였습니다. 갑자기 아이가 눈을 뜨고 어머니를 바라보며 말했지요: "엄마, 나 하나도 무섭지 않았어요." 놀라서 어머니가 물었습니다: "그게 무슨 말이니?"

"제가 고속도로 위에서 엄마, 아빠가 오실 때까지 기다리는 동안 하나도 무섭지 않았어요. 예수님이 뒤에 오는 차를 손으로 막고 계신 걸 봤거든요." 바로 네 번째 놀라운 일이 그것입니다![1]

당신은 중요한 존재다!

뉴욕에 사는 한 여선생님은 자신이 있는 고교 졸업반 학생들에게 한 사람 한 사람이 한 중요하다는 것을 말해 줌으로써 그들을 칭찬하기로 마음을 먹었습니다. 캘리포니아 주 델마 출신인 헬리스 브리지스가 개발해 낸 어떤 과정을 이용해서, 선생님은 한 번에 한 명씩 교실 앞으로 그들을 불러냈지요. 먼저 선생님은 학생들에게 그들이 선생님과 학급에게 얼마나 중요한 존재인가를 말해 주고, 그 다음 그들 저마다에게 "나는 중요한 존재다!"라는 황금빛 글씨가 인쇄된 파란 리본을 선물했습니다.

얼마 뒤에, 선생님은 '중요성을 인정해 주는 것'이 하나의 공동체에 어떤 영향을 미칠 수 있는가를 알아보기 위하여, 온 학급이 참여하는 프로젝트를 실행하기로 결정했지요. 학생들에게 저마다 세 개 이상의 리본을 나눠주고는 밖으로 나가서 '칭찬하기'를 해보라고 지시했습니다. 학생들은 그 결과를 끝까지 추적해서 일주일 안에 교실에서 다시 그에 대한 발표를 하도록 지시를 받았지요.

한 학생이 학교 근처에 있는 한 회사의 어떤 하위직 간부에게 다가갔습니다. 거기서 자기의 진로 계획을 세우는 데 그 간부가 도움을 준 것에 대하여 찬사를 하며 푸른 리본 하나를 그에게 주었습니다. 그리고는 여분으로 2개를 더 주며 "저희는 지금 '칭찬하기'라는 학급 프로젝트를 진행하고 있습니다. 우리처럼 밖으로 나가서 칭찬할 만한 사람을 만나거든 그 사람에게 이 리본을 하나 주시고 나머지 여분의 리본도 주어서 그 사람이 이 '칭찬하기' 행사를 이어갈 수 있게 해주십시오. 그리고 나서 저에게 다시 그 결과를 알려 주십시오."라고 부탁했습니다.

얼마 뒤, 그 간부는 자기에게 화를 잘 내는 사장에게 가서 자기는 사장의 독창성에 깊은 찬사를 보낸다고 말하고는 마지막 1개의 리본을 가지고 제3의 사람에게 칭찬을 해주라고 부탁했습니다.

사장은 칭찬을 받고는 크게 놀랐습니다. 그래서 그날 밤, 자신의 열네 살 난 아들에게 말했지요: "오늘 정말로 믿을 수 없는 일이 일어났다. 내 부하 간부들 가운데 한 명이 나한테 와서 나의 독창성에 대하여 칭찬을 하고는 푸른 리본을 하나 주었단다. 나는 이 리본을 누구에게 줄까 생각하다가 너를 생각했다. 너는 상상이 안 가겠지만 말이다! 난 지금 너를 칭찬하고 싶구나. 내 생활이 몹시도 바쁘기 때문에 집에서 너에게 많은 신경을 써줄 수가 없었단다. 때로는 너에게 성적이 안 좋다고 고함도 치고, 방을 엉망으로 해둔다고 소리도 지르고…… . 하지만 오늘밤, 난 네가 나에게 아주 중요하다고 말해 주고 싶다. 너는 나의 인생에서 제일 중요한 존재란다. 너는 멋진 내 아들이야. 사랑한다, 얘야!"

깜짝 놀란 아들은 끝내 울음을 터뜨리고는 그칠 줄 몰랐습니다. 아들의 몸이 떨려왔지요. 아들은 눈물이 흐르는 얼굴을 들어올리며 말했습니다: "내일 전 자살하려고 했어요. 아빠가 날 사랑하지 않는다고 생각했기 때문이죠. 하지만 이젠 그럴 필요가 없어졌어요!"[2]

재기

덴버 브론코스와 워싱턴 레드스킨스와의 1988년 수퍼볼 경기가 벌어지고 있었습니다. 그런데 경기 도중 워싱턴 레드스킨스의 쿼터백인 도우 윌리엄스가 고통스러워하며 그만 잔디밭에 쓰러졌습니다. 그러한 상황에서는 누구라도 게임을 포기할 수밖에 없어 보였습니다. 또한 도우의 팀이 10대 0으로 지고 있었지요. 어떤 팀도 그러한 점수 차를 뒤집고 수퍼볼의 우승을 한 적은 없었습니다.

도우 윌리엄스는 임시 교사로 있다가 시즌에 발탁된 흑인 쿼터백입니다. 시즌 초반에는 윌리엄스의 전망이 그리 밝은 편은 아니었지요. 10년 전 윌리엄스는 탐파 베이 북카니어스를 이끌어 처음으로 전미 미식 축구 연합(NFL)에 첫 선을 보였습니다. 그가 새 리그인 USFL로 옮기면서 그에게는 불운이 겹쳤고 불행하게도 리그를 다 마치지 못했답니다. 그 후 그의 아내가 딸을 낳고 몇 달이 지나 뇌종양으로 숨을 거두었습니다. 거기에다 다음 불행이 그에게 닥쳤는데 바로 USFL이 망해 버렸던 것입니다. NFL의 어떤 팀도 그에게 운동할 기회를 주지 않았고, 아무도 그에게 연락을 해주지 않았습니다.

그러던 가운데 1987년 가을 시즌이 시작될 즈음, 워싱턴 레드스킨스는 팀의 젊은 스타 쿼터백이 부상당할 경우에 대비하여 싼 값의 대리 선수가 필요했습니다. 그런데 다행히도 그 젊은 쿼터백이 부상을 당해 윌리엄스가 대신 경기를 하게 되었습니다. 하지만 윌리엄스는 자기보다 훨씬 나이가 어린 선수가 부상에서 회복되면 또 다시 경기에 나가지 못하는 신세임을 잘 알고 있었습니다.

그 시즌에 결국 레드스킨스 팀이 결승전에 진출하게 되어 윌리엄스에게 마침내 1988년 수퍼볼 게임에서 뛸 기회가 찾아왔습니다. 그는 수퍼볼 게임에 처음 출전하는 흑인 쿼터백이 되었던 거지요.

다시 처음 이야기로 돌아가서, 윌리엄스는 게임에서 불려나왔다가, 다시 용감하게 동료들이 뛰고 있는 운동장으로 절뚝거리며 들어가서는, 어떤 팀도 어떤 쿼터백도 지금껏 이루지 못했던 일을 해냈습니다. 한 쿼터 동안 그는 4개의 터치다운을 해내면서 뒤진 점수를 따라잡고 42대 10으로 이전에 볼 수 없었던 통쾌한 역전승을 이루어 냈습니다. 그리고 도우 윌리엄스는 그 게임에서 '가장 위대한 선수'로 뽑혔지요.

누군가가 잊혀져 있던 시간과 패배의 시간을 딛고 재기하는 모습을 지켜보는 것은 언제나 굉장한 일입니다! 게다가 윌리엄스와 같은 엄청난 재기를 지켜보는 것은 감동적인 일이 아닐 수 없지요. 이 이야기는 인생의 충격에서 헤어나오지 못하고 있는 모든 사람들에게 하나의 가능성을 줍니다. 어쩌면 인생은 불공평하다고 말할 수 있을는지 모릅니다. 그러나 고난을 통해 재기할 수 있는 정신적 자세를 배울 수 있지요. 사람은 고난을 겪으며 고난을 극복할 수 있다는 믿음이 있을 때 재기할 수 있는 것입니다.

버팀목

리사 러브는 고등학교 2학년 때 치어리더 팀에서 한 자리 얻기 위하여 열심히 노력했습니다. 그러나 그로부터 약 한 달 뒤에 암으로 다리를 무릎 관절 위까지 절단해야 했지요. 그래서 여름 내내 인공 보철물로 대신하고 지냈는데, 다행히도 물리 치료를 열심히 받은 결과 혼자서 잘 걸어다닐 수 있게 되었습니다. 그리곤 치어리더 후원자에게 자신이 치어리더로서 계속 설 수 있게 해달라고 설득하였습니다. 스폰서는 몇 가지 미심쩍은 점이 있었지만 마지못해 허락을 했습니다.

학기가 시작되어 첫 연습에서 다른 치어리더들과 함께 하기 전에 정기적으로 열심히 연습을 하였습니다. 그들은 가을 미식 축구 기간에 있을 첫 단합 대회를 위하여 준비를 하고 있었지요. 모든 일이 잘 되어 갔습니다. 또한 리사도 문제없이 잘 소화해 냈습니다.

그리고 첫 목요일 단합 대회가 다가왔습니다. 체육관은 고등학생들과 교직원들로 꽉 채워졌지요. 치어리더 팀은 예정된 프로그램을 진행하기 시작했습니다. 리사는 포스텝 런을 시작으로 미끄러운 체육관 바닥을 넘는 공중제비를 하게 되었습니다. 하지만 공중제비를 하는 도중에 그만 그녀의 다리 보철이 빠져서 체육관 바닥에 미끄러져 쓰러지고 말았지요. 사람들은 그녀가 손으로 얼굴을 가리고 울면서 당장 그만 둘 것이라 생각했습니다.

하지만 그만 두는 대신에 그녀는 빠진 다리를 다시 끼울 수 있게 도와 달라고 친구에게 손짓을 하였습니다. 그래서 그녀는 다시 인공 보철을 착용하였습니다. 관람석 앞의 대부분은 아이들로 가득하였습니다. 그들이 보는 앞에서 그녀는 다시 꼿꼿이 일어서서 준비되었다고 신호를 하였습니다. 다시 프로그램을 진행하였고 리사는 열렬한 환호를 받으며 자신의 역할을 마쳤지요![3]

인생의 성공은 여러분이 넘어졌을 때 다시 한번 일어날 수 있느냐의 능력에 달려 있습니다. 모든 사람은 여러 형태의 실패를 경험하지요. 그러나 문제는 여러분이 넘어졌을 때 어떻게 하느냐입니다. 그 곳에 그냥 주저앉아 울며 왜 이런 일이 나에게 생겼는가 하고 개인적인 연민에 빠질 것인가요? 아니면 다시 한번 일어날 것인가요?

인생의 약 10%는 여러분에게 일어난 일로 가득 차 있습니다. 그리고 약 90%는 이에 대한 여러분의 반응들이지요. 만일 너무 어려워 보인다고 생각될 때, 여러분은 여러분의 문제를 가지고 다른 사람을 비난할 수 있습니다. 그러나 성숙은 자기 자신과 인생의 반응에 대하여 책임을 지는 것입니다. 우리가 넘어질 때 예수 그리스도는 잃어버린 것을 다시 붙이시는데, 우리를 돕기 위하여 늘 옆에 서 계십니다. 천국의 모든 것이 여러분을 열렬히 환영하기 위해서 준비되어 있습니다.

모래 위의 발자국

웨인 웨스턴은 곧잘 아름다운 글에 가락을 붙이곤 하였습니다. 아마 최근에 복음 가수나 웨인이 직접 그 노래를 부르는 걸 들어본 적이 있을 지도 모릅니다. 이 아름다운 가사의 저자는 잘 알려져 있지 않아서 그 유래를 확실히 알 수 없답니다. 그럼에도 불구하고, 여러분이 오늘도 무심코 노래를 듣고 있노라면, '아, 저 노래!' 하고 금방 알아챌 수 있을 정도로 영원한 메시지를 전달하고 있지요. 제목은 '모래 위의 발자국'입니다.

어느 날 나는 꿈을 꾸었네.
나는 하나님과 해변을 걷고 있었고,
하늘에서는 나의 지난 삶이 마치 주마등처럼
한 장면씩 지나가고 있었네.
각 장면마다 모래 위에 두 쌍의
발자국이 있음을 알 수 있었네.
하나는 나의 것,
다른 하나는 하나님의 것이었네.

내 인생의 마지막 장면이

우리 앞을 비추고 있을 때,
나는 뒤를 돌아 우리의 발자국을 바라보았네.
나는 기나긴 나의 인생에서 많은 나날이
한 쌍의 발자국밖에 있지 않음을 알게 되었네.
그것도 내 인생의 가장 침울하고 슬픈 순간에
나는 혼자였다는 걸 알게 되었네.

이것이 나를 심하게 괴롭혔고,
하나님께 이에 관해 여쭤 보았네.
"하나님, 제가 당신을 따라가겠다고 했을 때,
항상 나와 함께 걷겠다고 말씀하시지 않았나요?
그러나 정작 제가 가장 힘들었던 순간에는
언제나 발자국은 한 쌍밖에 없었음을 알았어요.
제가 하나님을 필요로 했을 때
왜 하나님은 저를 떠나셨는지 모르겠네요."

하나님이 말씀하셨네.
"나의 소중하고 사랑스러운 아들아,
나는 너를 사랑하고
네가 시련과 고통 속에 있을 때
결코, 결코 너를 떠난 적이 없단다.
네가 단 한 쌍의 발자국만을 본 것은……
내가 너를 업고 걸었기 때문이란다!"

이 얼마나 하나님의 사랑과 보살핌에 관한 아름다운 표현인
가요? 그러나 이런 의문이 마음 속에 생깁니다. 이것은 성경에

있는 문구인가요, 아니면 단순히 아름답게 들리도록 저자가 쓴
글인가요?

예수님은 절대로 우리를 떠나거나 저버리지 않으신다고 말씀
하셨습니다. 시련이 닥칠 때면 위의 말씀을 떠올리는 게 어떨
까요? 여러분이 그분을 여러분의 하나님과 주인으로 모신다면
기쁘거나 슬플 때, 괴롭거나 즐거울 때, 항상 그분의 권세 안
에 안전함을 약속 받을 수 있답니다! 그것은 형제보다 더 가까
운 벗을 얻게 되는 것이지요. 다음에 혼자라는 것을 느끼거나
외로운 날이 오면 '모래 위의 발자국'이라는 이 이야기를 기억
해 봅시다.

주머니에서 손을 빼게나

영문학자이자 소설가인 나쓰메 소세키가 대학에서 학생들을
가르치고 있을 때의 이야기입니다.

강의 도중에 자신의 한 손을 바지 주머니에 찌른 채 강의를
듣고 있는 학생이 있었습니다. 완고하고 엄격했던 그는 그런
수업 태도를 그냥 보아넘길 수가 없었습니다.

"자네, 주머니에서 손을 빼게나."

하지만 학생은 주머니에 넣은 한 손을 빼지 않는 것이었습니
다. 화가 난 나쓰메 소세키는 이번에는 직접 강의실로 내려가
그 학생 앞에 다가갔습니다.

"그런 불손한 자세로 강의를 듣는 게 아니네. 알아들었으면
어서 그 손을 빼게."

그러자 학생은 고개를 푹 숙이더니 어렵게 말을 꺼냈습니다.

"교수님, 저는 팔 한쪽이 없습니다. 그래서……."

나쓰메 소세키는 깜짝 놀랐습니다. 제자의 속사정을 알지 못하고 다그쳤던 것이 미안스럽기도 했습니다. 그러나 그는 곧 미소를 지으며 제자의 등을 토닥거려 주었습니다.

"여보게, 교수인 나도 지금 없는 지식을 억지로 짜내서 수업을 하고 있으니 자네도 없는 팔 한쪽을 드러내 주지 않겠나."

인생은 시련의 연속입니다. 시련 없는 인생은 있을 수가 없습니다. 그 시련 또한 우리가 부여안고 가야 하는 삶입니다. 장애가 있다면, 그것은 육신보다 마음에 있는 게 더 큰 문제겠지요. 장애에 결코 굴하지 마십시오. 그 장애를 딛고 일어서는 용기있는 모습을 보여 주십시오. 그런 모습이야말로 우리 인간이 보여줄 수 있는 가장 숭고한 아름다움입니다.

희망의 관점

제인 스미스는 어느 주일낮 교회에 갔습니다. 그녀는 예배 도중에 오르간 연주자가 전주를 하면서 음을 빠뜨린다거나 엉성한 연주를 하는 것을 알 수 있었지요. 경건해야 할 기도 시간에는 뒷좌석에 앉은 십대들이 소란스레 떠들었고, 헌금 바구니가 돌아가는 동안에는 헌금위원이 제인이 얼마를 넣는가 지켜보는 것같아 기분이 언짢았습니다. 설교를 들으며 제인은 목사가 무려 일곱 번씩이나 말 실수를 하는 것을 내내 세고 있었고, 성가대는 불협화음을 쏟아낸다고 느꼈습니다. 폐회 찬송을 할 때 옆문으로 몰래 빠져나오면서 그녀는 혼자 중얼거렸지요:

'다시는 안 와야지, 위선자들!'

린다 존스 역시 그 주일낮에 같은 교회에 나갔습니다. 그녀는 오르간 연주자가 '견고한 요새'의 편곡을 연주하는 것을 들으며 그 웅장함에 감동받았지요. 예배를 드리면서 그녀의 삶의 요구와는 다른 어린 소녀들의 단순하지만 순수한 신앙 고백에 가슴이 뭉클했습니다. 헌금 시간에는 이 교회가 계획하고 있는 중앙 아프리카의 기아들을 위한 특별 기부금이 인상적이었습니다. 린다는 이 날 설교를 듣고 특별한 은혜를 받았습니다. 오랜 기간 그녀를 괴롭혔던 문제에 대한 답을 얻었기 때문이지요. 그녀는 교회 문을 걸어 나가면서 생각했습니다: '이 교회를 다녀간 사람마다 어찌 하나님의 살아 계심을 인정하지 않을 수 있을까!'

상황을 어떻게 인식하느냐는 사실 상당히 개인적일 수밖에 없으며 접근이 어려울 수 있습니다. 그러나 정확하고 올바른 인식이 삶의 방식에 미치는 영향은 절대적으로 중요하지요.

제2차 대전 말에 독일의 전세가 약화될 무렵, 연합군은 어떤 지역을 수색하고 있었습니다. 그들은 온 마을의 가구와 전답을 다 뒤지며 마을 사람들이 모든 것을 버리고 떠났거나 몰살되었다고 결론을 내리고 있었지요. 그런데 전등을 들고 지하실을 수색하던 한 병사가 갑자기 소리쳤습니다. 이리저리 갈라지고 파열된 벽에는 당시 한 희생자가 긁어 새긴 다윗의 별자리가 있었고, 그 아래에는 희미하게 이런 메시지가 적혀 있었지요:

나는 태양을 믿는다……비록 빛나지 않는다 해도.

나는 사랑을 믿는다……비록 보이지 않는다 해도.

나는 하나님을 믿는다……비록 응답하시지 않아도.

인생을 어떻게 바라보는가에 따라 여러분의 삶을 성공으로도 실패로도 이끌 수 있습니다. 반쯤 물이 담긴 컵을 보고 반밖에 남지 않았다고 생각하십니까, 아니면 반이나 남았다고 생각하십니까? 이런 간단한 질문으로도 여러분이 가진 평소의 인식 태도를 알 수 있지요. 여러분의 삶은 어떻습니까? 반쯤 차 있습니까, 아니면 반쯤 비어 있습니까? 모든 것은 여러분이 어떻게 생각하느냐에 달려 있습니다!

최고보다는 최선을

그 여인은 유명한 영화 배우였습니다. 어느 날, 그녀가 딸을 만나기 위하여 여학생 하계 수련회장으로 찾아왔습니다.

그런데 캘리포니아의 프레스노 근처에 있는 그 캠프장에서 나와 내 남편은 조깅을 하고 있었지요. 연습경기 시간이 되었을 때, 그 여배우는 사이드라인에서 딸을 지켜보고 있었습니다. 그 여자아이는 잘했지만 선수권에 도전할 만큼의 실력은 되지 못하였습니다. 그러자 엄마는 짜증이 났지요.

딸아이의 경기가 끝나자 엄마는 외쳤습니다: "어쩜 그렇게 못하니? 넌 마치 언덕을 굴러 내려가는 감자포대 같이 보이더라!" 그러자 여자아이는 그만 울음을 터트리고 말았습니다. 내 마음도 아팠지요.

나도 어느 체육대회에서 울음을 터트릴 뻔했던 사건을 기억하고 있습니다. 난 그때 일을 모두 잊어버렸지만, 그 당시 어머니가 나에게 건넨 말은 아직도 내 기억 속에 생생하게 기록되어 있답니다.

어머니는 첫아이를 낳다가 그만 소아마비에 걸렸습니다. 그래서 그 이후로 평생을 휠체어와 목발에 의지해야만 했지요. 하지만 아무리 힘들어도 결코 낙담하지 않으셨습니다. 어머니는 아이를 다섯이나 키우셨고, 직업도 가지고 계셨습니다.

그때 나는 체조 프로그램에 참여하였습니다. 1972년까지 나는 뮌헨 올림픽에 참가하기 위한 여자 국가대표 체조팀에 소속되어 있었지요. 나는 오로지 금메달만을 목표로 했습니다.

그 당시 나는 습관이 하나 있었는데, 그것은 경기를 시작하기 전에 짜여진 프로그램을 모두 잘 마칠 수 있도록 하나님께 힘과 제어력을 달라고 기도하는 것이었습니다. 그 날 뮌헨에서 나는 조국과 나 자신에게 불명예를 안겨주고 싶지 않았습니다. 그러나 나의 능력을 다하여 경기를 치루었지만 금메달을 따지는 못했지요. 나는 관람석에 있는 부모님에게로 가서 간신히 말했습니다: "죄송해요, 하지만 저는 최선을 다했어요."

"그래, 너도 그걸 알고 있고 나도 알고 있단다. 그리고 엄마는 하나님께서도 그 사실을 알고 계시리라 믿는다."라고 어머니는 말씀하셨습니다. 어머니는 웃으면서 나에게 평생 잊혀지지 않을 말씀을 해주셨답니다: "최선을 다하는 것이 최고가 되는 것보다 더 중요하단다!"

그때 갑자기 전보다 어머니를 더 잘 이해할 수 있을 것 같았습니다. 어머니는 한번도 자신이 장애인이라는 것이 최선을 다하는 데 걸림돌이 된다고 생각하지 않으셨지요.

나는 울고 있는 소녀에게 다가가서 팔로 감싸안아 주었습니다: "애야, 나는 네가 여름 내내 연습하는 걸 보았단다. 그리고 네가 최선을 다했다는 것도 알고 있지. 최선을 다하는 것이 최고가 되는 것보다 더 중요한 것이란다. 나는 네가 멋지게 보이는구나."

그러자 아이의 눈물 사이로 자그마한 웃음이 전해져 왔습니다. 언젠가, 어디에선가, 이 아이도 그 말을 하겠지요.[4]

이유가 있었다

콜롬비아 대학의 전 미식축구 코치였던 루 리틀과 관련된 이야기입니다.

이번 시즌에는 특이하게 팀이 한 번도 패하지 않았습니다. 지금 그들은 올해 마지막 경기를 맞이하고 있었지요. 그리고 아이비 리그 대회 챔피언 타이틀이 눈앞에 보이고 있었습니다. 그건 승자만의 것이지요.

상대팀은 라이벌인 하버드 대학으로, 역시 한 번도 이번 시즌에 패배를 한 적이 없었지요.

준비가 한창이던 어느 주 화요일에 리틀 코치는 어떤 선수에게 선수의 아버지가 돌아가셨으며 금요일에 장례예식을 치를 것이라고 알려달라는 부탁을 받게 되었습니다. 그 선수는 팀에서 선배급에 속했고 특별한 선수였습니다. 비록 4년 동안 한 번도 주전 선수로 뛰진 않았지만, 그 선수는 계속 팀에 있었습니다. 남들에게 영향을 주기 쉬운 성향을 지니고 있었기 때문이지요. 그는 그 자체로 동료들에게 힘이 되는 선수였습니다.

코치가 그를 한쪽으로 부른 뒤 그 사실을 알렸습니다. 그러자 그 녀석은 곧바로 떠나며 코치에게 이렇게 말했습니다: "토요일 시합에 시간 맞춰 오도록 하겠습니다."

코치가 대답했습니다: "아니야, 원하는 만큼 마음껏 가족들

과 있다 오거라. 우리는 여태 잘 해왔으니 이번에도 승리할거야. 너무 걱정하지 말거라."

결전의 날이 이르렀습니다. 그러나 그 선수는 약속한 대로 나머지 팀 동료들과 합류하였지요. 그리고는 코치에게 갔습니다: "코치님, 이번 경기에서 주전으로 뛸 수 있게 해주세요. 단 한 번만이라도요!" 코치는 그를 무시하였으나 애처롭게도 녀석은 끈덕지게 매달려 다시 한번 청했지요: "제발, 코치님, 한 번만요!" 그래서 루는 그를 출전시키기로 결정하였습니다.

콜롬비아가 먼저 킥오프를 하였습니다. 이 선수는 다운필드의 첫 태클러였는데 상대 선수는 7야드 부근에서 태클하였지요. 정말 대단한 경기였습니다. 첫게임은 난투 끝에 하버드의 쿼터백이 슬롯을 성공시키기 위하여 하프백을 요구했습니다. 그러나 이 선수는 2야드 줄이기 위하여 5야드 부근에서 태클을 하였습니다. 다음 게임은 하버드의 쿼터백이 패스하기 위하여 엔트 존에 들어갔는데, 이 녀석이 태클을 하여 세이프티를 얻었지요. 그는 올 라운드 플레이어였다고 할 수 있습니다.

경기가 끝난 뒤 리틀 코치가 물었습니다: "너 도대체 어떻게 된 거냐?"

"코치님, 제 아버지께서 앞이 보이지 않으셨던 거 기억하세요? 오늘 그 아버지가 저를 보실 수 있는 첫날이었거든요!"

나에게 내일을 주시오!

* 알렉산더 대왕은 자기의 꿈을 실현하기 위해서 그리스와의 대대적인 전쟁에 출정하기 직전에 자기의 보물 창고를 열어 자

기 휘하의 장군들에게 그 보물을 다 나누어 주었습니다. 한 참모가 물었습니다: "보물을 하나도 남겨 두지 않고 다 나누어 주시면 어떻게 합니까?"

알렉산더 대왕은 이렇게 대답하였습니다: "나는 가장 중요한 것은 남겨 두었다. 바로 희망을 남겨 두었지. 나는 동(東)과 서(西)로 나눠진 이 세계가 나의 꿈으로 하나가 되는 위대한 희망을 가지고 있다. 그리고 이 희망을 위해서라면 나는 이 보물을 얼마든지 사용할 수 있지."

그의 희망은 세계를 향한 비전이었습니다. 그에게는 창고에 모아 두었던 보물보다 희망이 더 위대한 보물이었습니다. 그는 자신의 위대한 비전을 위해서 그 어떤 대가도 지불할 수 있는 각오와 준비가 되어 있었습니다.

* 6·25 전쟁이 한참일 때, 한 미국인 군목이 전선을 방문했습니다. 그는 적과 싸움을 하고 있는 미군 병사들을 위로하면서 여러 가지 이야기를 나누었습니다. 그들 가운데 전쟁터에서 고생을 하고 있는 한 미군 병사에게 이런 질문을 했습니다: "만일 나에게 한 가지만 요구한다면 형제는 무엇을 요구하겠습니까?"

이 때 미군 병사는 군목에게 다음과 같은 유명한 말을 남겼습니다: "저에게 내일을 주십시오!" 그에게는 내일이 없다는 불안과 운명에 대한 불안이 가장 고통스러웠습니다.

* 불란서의 레지스탕스 저항운동이 한창일 때에 저항운동을 하던 학생들이 있었습니다. 그런데 어느 날 그들이 조국을 위하여 거사하려던 모의 계획이 모두 탄로가 나게 되었습니다. 절망한 청년들은 "이제 우리는 모든 것이 끝났다"고 소리치며 낙심했습니다.

그 때 한 청년이 우뚝 서더니 이렇게 절규하며 외쳤습니다: "동지 여러분! 아직 끝나지 않았습니다. 우리가 꿈을 잃어버릴 때, 그 때가 마지막입니다." 그렇습니다. 우리에게 진정한 마지막은 꿈을 잃을 때 찾아옵니다.

* 유명한 종교개혁자인 마틴 루터도 개혁 말기에 지쳐서 모든 것을 포기하고 싶은 유혹을 받았습니다. 그래서 사실상 그는 모든 것을 포기하고 자리에 누워 '모든 것이 끝났어!' 하며 넋두리를 늘어놓았습니다.

그 때 지혜로운 그의 아내가 상복을 입고 방으로 들어왔습니다. 상복을 입은 아내를 보고 깜짝 놀란 그는 "아니, 누가 죽었소?"라고 다급히 물었습니다. "예, 하나님께서 돌아가셨습니다." 아내의 황당한 대답에 루터는 "하나님이 돌아가시다니! 무슨 소리요?" 하고 소리쳤습니다.

루터의 아내는 정색을 하고 말했습니다: "하나님이 안 돌아가셨으면 당신이 그렇게 누워있을 리가 없지요." 이 아내의 말 한 마디가 루터를 흔들어 깨웠습니다. "그렇지! 살아 계시지." 그는 벌떡 일어나 자신의 소명을 다시 수행하기 시작했습니다.

* 유대인들이 매일같이 학살되어 화장터에 한줌의 재로 변해 가던 아우슈비츠 수용소, 이곳에는 18살의 소녀 안나도 갇혀 있었습니다. 수용소에 들어온 사람들은 모두들 기아와 공포에 시달리며 죽음의 차례를 기다렸습니다.

그런데 안나는 매일 아침마다 정성스럽게 세수를 하는 것이었습니다. 언제 죽을지 모르는데 세수라니, 궁금하게 생각한 한 사람이 그녀에게 물었습니다: "너는 참 대단하구나. 어떻게 이런 상황에서 매일 아침 세수를 할 수 있지?"

그러자 안나는 나지막하게 대답하였습니다: "난 사랑하는 요셉과 헤어질 때 약속했어요. 반드시 살아서 다시 만나기로……. 그런데 그 날이 언제가 될지는 아무도 모르잖아요? 오늘 당장 만나게 될지도……. 요셉이 더러운 내 얼굴을 보면 얼마나 실망하겠어요? 그래서 난 매일같이 요셉을 만난다는 생각으로 세수를 하는 거랍니다."

절망 속에서 사람을 버티게 하는 건 사랑입니다. 그 사랑이 희망을 낳습니다. 안나는 사랑하는 사람에게 자신의 예쁜 모습을 보여주겠다는 희망으로 죽음의 공포를 이겨냈습니다. 사랑보다 더 위대한 희망은 없습니다.

다시 시작하기

역경과 곤란 가운데서도 기쁜 마음으로 열심히 생활하며 삶을 언제나 힘차게 밀어붙이는 사람들, 바로 이런 사람들이 우리가 친구로서 믿고 의지할 만한 사람들이 아닐까요?

오늘 이야기는 전 뉴저지 주지사 찰스 에디슨의 아버지에 관한 이야기입니다. 그는 지칠 줄 모르는 불굴의 정신을 가진 사나이, 바로 발명왕 토마스 에디슨이지요.

1914년 12월 9일 밤, 서부 오렌지 주에 있던 위대한 에디슨 기업체들은 화재때문에 완전히 잿더미로 변하고 말았습니다. 그날 밤 토마스 에디슨은 이백만 달러를 잃었으며, 그의 일생을 두고 건설한 업적들이 화염 속으로 사라졌지요. 그 당시 화재에도 끄덕없다고 여겨졌던 콘크리트 건물만 믿고, 에디슨은 단지 238,000달러짜리 보험에만 가입하고 있었습니다. 하지만 찰스는 이렇게 이야기했지요:

"당신의 나이 67세……. 다시 시작하기에는 너무 늙으신 아버지를 생각하니 가슴이 아팠습니다. 하지만 애타하는 나를 보시던 아버지는 도리어 이렇게 말씀하셨죠: '찰스, 어머니 어디 계시니? 어머니를 모시고 오너라. 살면서 이런 일들을 언제 또 보겠니?'" 다음날 아침, 에디슨은 자신의 꿈과 희망이 이제는 한낱 숯덩어리로 변해 버린 그 폐허를 이리저리 걸어다니며 말했습니다. "이 재난 속에는 위대하고 가치 있는 것들이 있단다. 바로 우리의 실수들도 모두 함께 타버린 거지. 난 우리에게 또 다시 새로운 출발을 하게 해주신 하나님께 감사드린단다." 그 화재가 있은 지 3주일 뒤, 에디슨의 회사는 다시 첫번째 축음기를 배달했습니다.

자, 이것이 누구에게나 닥칠 수 있는 재앙과 역경을 극복해 내는 법을 알고 있었던 사람의 이야기입니다. 육십칠 년, 평생을 살면서 돈을 잃는다는 것은 그에게 그리 중요한 의미가 되지 못했습니다. 그에게는 다시 일어설 수 있다는 자신감이 있었고, 그것이 그 어떤 것보다도 중요한 것임을 알고 있었기 때문이지요. 우리가 살다보면 내 삶의 터전이 무너지고, 생활 속에 구축해 두었던 모든 관계들이 흐트러지고, 친구들도 떠나가 버리는 경우가 생기곤 합니다. 하지만 그러한 일들을 새롭게 다시 추스릴 수 있는 기회는 언제든지 오는 것입니다. 용기를 냅시다! 오늘부터라도 다시 시작할 수 있습니다.

단지 문제는 이 기회가 언제 오는가 하는 것이지요. 친구들을 다시 한번 만들어 봅시다. 하나님 말씀을 의지하는 이에게는 언제나 희망과 도움이 있는 법입니다.

검은 문 뒤쪽에는 자유가 있었다

'난 이제 늙었어,' '저 혼자밖에 없잖아요,' 아니면 '재주가 한 가지밖에는 없어서……,' 이러한 변명으로 누구나 자신의 게으름이나 미처 행동이 따라가지 못해 놓친 일들을 변명하고 싶어합니다. 그게 인간의 성향이니까요.

2년 전에 〈월 스트리트 저널〉에는 핸리 립시그에 대하여 다음과 같이 흥미로운 기사가 실렸습니다. 헨리는 여든여섯이라는 고령에도 불구하고 법률회사를 차렸습니다. 육십 년이 넘도록 뉴욕 시에 있는 법률회사에서 의뢰인들을 관리하는 일을 도왔던 그가 이제는 자신의 법률회사를 차린 거지요.

첫 사건 의뢰가 들어왔습니다. 그런데 이 의뢰는 흔히 접하는 그런 의뢰들과는 많이 달랐지요. 이 사건은 한 여인이 뉴욕 시를 상대로 소송을 건 사건이었습니다. 그 여인의 남편은 71세로, 술에 취한 경찰이 몬 순찰차에 치어 생계의 위협을 받았습니다. 이 일로 소송을 건 여인은 자신의 남편이 사고로 잃어버린 미래의 잠정적인 수입을 보장해 줄 것을 뉴욕 시에 주장했습니다. 뉴욕 시는 71세나 되는 고령의 노인에게 무슨 미래의 잠정적인 수입이 있을 수 있냐고 맞받아쳤지요. 그리고 뉴욕 시는 그 소송에서 반드시 이길 것이라고 확신했습니다. 하지만 뉴욕 시는 그 소송이 정력적인 88세의 변호사가 맡고 있다는 것을 깨닫고는, 그 여인과 백이십오만 달러에 합의를 보았습니다! 이와 같이 우리가 어떠한 선택을 하느냐에 따라, 우리가 갖게 되는 태도도 달라집니다.

선택에 대한 이야기를 더 해봅시다. 이 이야기는 로마가 세상을 지배하던 시절의 이야기입니다.

　　로마의 어떤 장군은 간첩 활동을 하다가 붙잡혀 가지고 법정에서 유죄 판결을 받은 간첩들을 처벌할 때, 두 가지 처벌 가운데 하나를 선택하도록 했습니다. 하나는 처형대이고, 다른 하나는 검은 문이었지요. 어느 날, 법정에서 유죄 판결을 받은 한 간첩에게 장군은 선택권을 주었습니다. 그 간첩은 처형대를 선택했고 곧이어 끌려나가 사형에 처해졌습니다. 집행이 끝나고 다시 집무실로 돌아오자 부관이 장군에게 물었지요: "검은 문 뒤쪽에는 무엇이 있습니까?" "자유가 있네." 장군의 대답이었습니다. "거의 모든 이들이 미지의 것을 선택하기를 두려워하지. 그것이 죽음에 관한 일이라면 더욱 그러하다네."

　　우리 자신의 의견에 바탕을 두고 선택을 해봅시다. "전 단지……"라는 변명조는 버리고, 자유롭게 직접적으로 개입하여, 남과 다른 사람이 되도록 합시다. 변명은 하나님을 기쁘시게 해 드릴 수 없습니다.

다른 쪽으로도 한번 생각해 봐라

　　미국의 어떤 신발회사가 20세기로 발돋움하고 있는 신흥국가로 두 명의 판매원을 파견했습니다. 신발회사 사장은 시장을 넓히고자 했지요.

　　판매원 가운데 한 사람은 2주만에 돌아와 버렸습니다. 낙담해서 돌아온 그는 이렇게 불평했지요: '바보같은 사람들, 나를 신발도 신지 않는 나라에 보내다니!'

　　다른 판매사원은 그곳에 남았습니다. 몇 주 동안 아무 연락이 없다가 마침내 큰 우편물이 본사로 배달되었는데, 그 안에는 온갖 종류와 치수가 명시된 싸이즈의 신발 주문서가 가득 들어 있었지요. 이 상자 안에는 두툼한 주문서와 함께 급하게 쓴 메모지가 있었습니다: "주문서를 더 보내주세요. 이곳 사람들은 다 맨발이라 모두가 미래의 고객이에요!"

인식은 미묘한 문제입니다. 사실 인식이란 실체가 없는 거지요. 정확히 반 잔의 물이 있습니다. 여러분은 이것을 보고 물이 반이나 있다고 말할 것인가요? 아니면 반밖에 없다고 말할 것인가요? 컵에 들어 있는 물의 양은 변함이 없지만, 어떻게 인식하느냐에 따라 다르게 생각되는 것입니다.

낯선 곳에 가서 어떤 사람들에게 어떤 곳 위치를 물어 보십시오. 아마 한결같이 이렇게 대답할 겁니다. "세 번째 신호등에서 좌회전하세요." 그러나 "세 번째 신호등에서 왼쪽으로 회전하세요."라고는 아무도 하지 않습니다. 좌회전이나 왼쪽 회전이나 다를 바 없지 않은가요?

라디오나 TV에서 나오는 다음의 일기예보를 들어봅시다. 아나운서가 이렇게 말합니다. "오늘은 곳에 따라 흐리고 비가 올 확률은 30%입니다." 그러나 아나운서는 이렇게 말할 수도 있지요. "오늘은 곳에 따라 맑은 날씨에 비오지 않을 확률이 70%입니다."

너무나 많은 사람들이 인생에 대하여 부정적인 시각을 가지고 있습니다. 우리 사회가 너무 사악한 시각을 가지고 있어서 관심을 두지 않는다고 보고 있습니까? 아니면 사람들이 너무 궁핍해 있기 때문에 예수 그리스도에게 인도되기를 열망하며 기다리는 것으로 보이십니까?

어떻게 인식하느냐에 따라 우리는 발전할 수도 망할 수도 있습니다. 이 이야기는 현실을 이탈하라는 것이 아니라, 정확한 인식과 견해는 인생에 접근하는 방법에 영향을 미칠 것이라는 당연하면서도 매우 간단한 생각입니다.

예수님은 다음과 같이 말씀하시며 제자들의 견해를 환기시켰습니다. "추수하려면 넉 달이나 남았다고 말하지 말라. 밭을 봐라, 추수할 정도로 이미 색이 하얗지 않느냐?" 인생의 다른 면을 보십시오. 그래도 여전히 불가능하게 보이십니까? 아니면 문제의 해결책이 보이십니까?

불리한 처지를 유리하게

어느 한 출판사에서는 주문이 들어온 테오도르 루즈벨트의 1912년 전당대회 연설문 삼백만 장을 인쇄할 준비를 겨우 완벽하게 마쳤다 싶었는데, 불행하게도 루즈벨트와 러닝메이트인 캘리포니아 주의 거버너 히람 존슨의 사진을 사용할 수 없다는 사실을 알았습니다. 그 당시 저작권법으로는 법을 어길 경우 한 장 당 1달러의 벌금을 내야 했지요. 출판사들은 해결하기 힘든 문제에 봉착한 듯했습니다. 시간을 다투는 일이었지요.

선거 운동 본부장도 같은 처지에 처해 있었습니다. 그는 사진을 찍은 시카고 사진관에 전보를 쳤습니다. "지금 저는 루즈벨트와 존슨 사진을 표지에 실은 루즈벨트 연설문 삼백만 장을 발행하려는 계획을 갖고 있습니다. 사진관 쪽에서 볼 때 대단한 선전 기회이지요. 당신의 사진을 사용해 주는 대가로 얼마를 지불하시겠습니까?"

한 시간 후에 답변이 왔습니다. "기회를 주셔서 감사합니다. 그러나 250달러밖에 낼 수 없습니다."

선거 운동 본부장은 생동감 넘치는 리더십을 여러 번 보여 주었습니다. 어떤 급박한 상황에서도 냉정함을 잃지 않았지요. 평범한 사람이라면 주저앉고 말았을 일도 그의 결정에는 영향을 끼치지 못했습니다. 그는 재난이 예고되는 최악의 상황도 좋게 만들어 내는 사람이었지요.

사람들은 가끔 일이 어긋나고 실패의 예감이 드는 때에 당황하는 경향이 있습니다. 그 다음에 정신적으로 무기력해지고 아무 것도 못하게 되지요. 우리 지도자들이 어려움에 처했을 때 무기력해진다면 이 나라가 어떻게 될까요?

일이 잘못된 방향으로 흘러갈 때 지혜롭게 생각하십시오. 그러면 난관을 헤쳐나올 길을 찾을 수 있을 것입니다. 또 적어도 어려움의 정도는 줄어들겠지요.

문제에 과잉 반응하지 말고 조용히 위기에 대하여 생각하고 대안을 찾으십시오. 학식이 뛰어나거나 인품이 훌륭한 분들께 조언을 구하십시오. 때로는 소나기 같이 차가운 진실이 여러분을 어려움에서 구출해 줄 것입니다.

만일 사정이 더 나빠진다면 덮어두려고 하지 말고 문제를 있는 그대로 직시하십시오.

불리한 처지나 부정적인 것을 잘 극복해 낼 수만 있다면, 여러분은 바로 인생을 역전시키는 지점을 통과하고 있을 지도 모릅니다.

불요불굴의 힘

글렌은 캔사스의 어느 농장에서 태어나서 교실이 한 칸밖에 없었던 학교에 다녔습니다. 글렌과 형제들이 다닌 이 시골 학교는 배불뚝이 모양의 구식 난로를 땠는데, 글렌과 그의 형이 난로를 책임지고 관리했지요. 글렌과 형은 다른 학생들과 선생님이 오시기 전에 교실에 난로를 피워놓아야 했습니다.

어느 날 아침, 글렌과 형이 난로 안에 남아 있는 불붙은 석탄에 등유를 붓다가 그만 난로가 폭발하고 말았습니다. 그 가운데 글렌은 빠져나올 수 있었지만 형이 폭발할 때 기절해서 혼자 남겨질 거라는 걸 안 글렌은 빠져나가지 않고 형을 구하려 애쓰다 결국 둘은 끔찍한 불 속에 갇혀 버렸지요.

그래서 그 불로 형은 죽고 글렌은 하반신에 심한 화상을 입고 가까운 병원으로 옮겨졌습니다. 의사는 글렌의 어머니에게 글렌은 살기 힘들다고 말하면서 죽는 게 더 나을 거라는 자신의 의견을 넌지시 건넸지요. 그리고 만일 글렌이 살아나도 다시는 걷지 못하게 될 것이라고 말했습니다.

이 용감한 소년은 죽고 싶지 않았습니다. 놀랍게도 이 소년은 살아났지요. 그러나 의사는 글렌의 상처가 심하기 때문에 일생을 병석에서 살아야 할 거라고 글렌의 어머니에게 알려주었습니다.

이 소년은 한 번 더 결심했습니다. 장애자로 살지는 않을 거라고, 누워서 일생을 보내지는 않겠다고, 걷고 뛰고야 말 거라고! 하지만 그러한 희망은 불가능해 보였습니다. 다리는 쓸모없이 매달려 있었지요.

결국 글렌은 퇴원해서 집으로 돌아갔습니다. 그래서 날마다 글렌의 어머니는 화상 치료가 끝난 글렌의 다리를 마사지해 주었지요. 어쩌다 휠체어를 타고 밖에 나오면, 글렌은 휠체어로부터 잔디밭에 몸을 던진 뒤 쓸모없는 다리를 끌며 잔디밭을 가로질러 기를 쓰고 나아갔습니다. 말뚝을 박은 울타리에 다다르면 죽을 힘을 다해 일어섰습니다. 그리고 나서 글렌은 말뚝을 따라 혼신의 힘을 다하여 정원을 걸으려 하였지요. 그러나 글렌은 금방 지쳐 길에 쓰러졌습니다.

그럼에도 불구하고 어머니가 날마다 해주는 마사지와 강철같은 의지와 단호한 인내심으로 열심히 노력한 결과, 글렌은 혼자 일어설 수 있게 되었습니다. 처음에는 도움을 받아 걷다가 마침내 혼자서도 걸을 수 있게 되었습니다. 걷게 된 뒤에는 금방 뛸 수도 있게 되었지요.

그래서 글렌은 1마일 달리기 경주에서 1등을 하겠다는 목표를 세웠습니다. 달리는 데서 얻는 순수한 기쁨은 곧 글렌 인생의 전부가 되어버렸지요. 결국 그는 대학에 가서 육상부를 만들었고, 어느 날 매디슨 스퀘어 가든에서 열린 1마일 달리기 대회에 참가해서 불굴의 힘으로 드디어 1등을 해냈습니다.

불 속에서 살아나 절대 포기하지 않았던 소년은 다름 아닌 그 당시의 1마일 경주 최고 기록자 글렌 컨닝햄 박사입니다.

자살하고 싶어

세계적인 특급호텔 홀리데이인의 창업자인 케몬스 윌슨의 이야기입니다. 그는 미국 제재소 직원이었는데, 어느 날 아침 출근해 보니 자기의 책상 위에 해고 통지서가 있었습니다. 아무런 설명도 없이 황당하게 해고된 그는 굉장히 화가 났고 직장과 자기 상관에 대한 복수심이 끓어올랐습니다. 그는 제재소 옆에 똑같은 제재소를 만들어 볼까 생각도 해보았지만 자본이 없었습니다. 그는 자포자기한 나머지 집을 떠났습니다. 여러 달 동안 방황하면서 모든 것을 잊으려 했지만 잊을 수가 없었습니다.

그는 가진 돈을 모두 다 써 버리고 다시 집에 돌아와 아내에게 이렇게 말했습니다: "여보, 정말 죽고 싶어. 당장이라도 나는 자살하고 싶어. 모든 노력을 다해 보았지만 아무 것도 되는 일이 없어."

이 때 아내가 남편을 향해서 말했습니다: "여보, 당신이 한 가지 시도해 보지 않은 일이 있어요. 당신은 당신이 처한 이 상황과 문제에 대해서 진지하게 기도해 보신 적이 없잖아요."

아내의 말 한마디는 그에게 큰 감동으로 다가왔습니다. '맞아, 나는 기도해 본 적이 없지.'

그 후 그는 아내와 더불어 기도하기 시작했습니다. 며칠 기도하는 동안 신기하게도 자기 마음에 있었던 직장과 상사에 대한 미움과 복수심이 모두 사라졌습니다. 그리고 그의 머리에서 새로운 아이디어가 솟아나기 시작했습니다. 그는 자기 집을 담보로 융자를 얻어서 조그마한 건축업을 시작했는데 건축업이 너무 잘 되어 5년만에 제 발로 설 수 있는 조그마한 사업가로서 자기 기업을 갖게 되었습니다.

그러던 어느 날 기도 중에 하나님께서 그의 마음에 새로운 소원을 주셨습니다. "하나님, 제가 건축을 하면서 여러 곳을 여행하다 보니까 맘에 드는 호텔이 없습니다. 좋은 호텔은 있지만 너무 비싸고, 작은 호텔은 너무 분위기가 좋지 않더군요. 제가 호텔을 지어보고 싶습니다. 저는 사람들에게 좋은 서비스를 하고 아주 깨끗하며 적절한 가격에 쉼을 제공할 수 있는 그런 호텔을 짓고 싶습니다."

하나님께서는 그의 기도를 응답하셨습니다. 그는 하나 둘 호텔을 짓기 시작하였고, 그것이 세계적인 체인이 되어 홀리데이 인이라는 호텔이 되었습니다.

장애

아놀드 파머가 맹인 골퍼대회에 연사로 초청받은 날, 아놀드는 맹인들에게 어떻게 볼이 날아갈 방향을 알 수 있느냐고 물었습니다. 그러자 한 맹인 골퍼가 설명을 해주었지요. 캐디가 골퍼보다 먼저 자그마한 종을 들고 앞서 나가, 홀 근처에서 종을 흔들면, 골퍼가 그 소리가 들려오는 방향으로 공을 치면 된다는 것입니다. 아놀드가 그런 방법이 효과가 있느냐고 질문하자, 그 맹인 골퍼는 아주 효과적이라고 말하면서, 아놀드에게 한 게임 하자고 요청을 했습니다. 게다가 시합을 더 재미있게 하기 위하여 만 달러 내기를 하자고 했습니다. 아놀드는 놀랐습니다. 만 달러라!

상금에는 흥미있지만, 상대가 상대인지라 잠시 주저하던 아놀드에게 그 맹인 골퍼는 말했습니다: "뭐가 문제지요? 나와 같은 맹인 골퍼하고 시합하는 게 무서운 모양이군요!"

이 말에 자극을 받은 아놀드는 내기를 수락하며 말했습니다: "좋아요, 그럼 언제 시합을 시작할까요?"

맹인 골퍼가 말했습니다: "오늘밤 11시 30분에 합시다!"

이런 경우도 장애라 할 수 있을지 모르지만, 장애라는 것은 우리에게 다가오는 모든 것들에게 해당될 수 있는 겁니다. 여기에는 정신적인 것도 예외가 될 수 없지요.

한 시골 마을의 조그마한 성당에서 미사를 집전하는 신부를 돕던 소년이 포도주 병을 실수로 바닥에 떨어뜨렸습니다. 이에 화가 난 신부님이 아이의 뺨을 때리며 거친 목소리로 말했지요: "꺼져, 다시는 돌아오지 마!"

훗날, 이 아이가 자라, 우리가 잘 아는 유고슬라비아의 공산당 지도자 티토가 되었습니다!

어느 대도시의 성당에서 한 주교 신부님의 미사를 돕던 소년이 실수로 포도주 병을 바닥에 떨어뜨렸습니다. 이에 부드러운 윙크를 보내며, 그 신부님은 이렇게 속삭이셨습니다: "오호라, 너는 이 담에 커서 사제가 되겠구나!"

훗날, 이 아이가 자라, 그 유명한 풀톤 쉰 대주교가 되었습니다.

한 마디 말의 힘이 얼마나 무서운가요? 물론 위의 미사 사건들이 두 아이의 인생 방향을 완전히 결정지었다는 말을 하고자 하는 것은 아닙니다. 인생에는 이보다 더 많은 결정적인 요소들이 있지요. 하지만 삶이란 어떤 말을 듣느냐에 따라 결정될 수 있다는 것 또한 사실입니다. 말 한 마디로 한 사람의 인생에 짐을 지울 수도 있고, 짐을 덜어줄 수도 있는 것입니다. 또한 남이 우리의 장래에 대하여 내뱉는 말이나 우리가 남에게 내뱉는 말이 종종 앞길의 장애가 되기도 하지요.

그 맹인 골퍼가 자신의 장애를 극복하는 방법이 아놀드 파머와의 내기 시합에서는 커다란 장점으로 다가왔듯이, 우리의 말 한 마디가 실의에 빠진 친구에게 좋은 기폭제가 될 것입니다.

누가 압니까? 옆 친구의 미래가 여러분의 그 말 한 마디에 따라서 결정될는지!

톰슨 선생님

테디 스탈라드는 톰슨 선생님의 반 아이였습니다. 테디는 '아주 골칫덩어리 문제아'로 평가받았지요. 공부에는 관심이 없고, 쭈글쭈글하고 냄새나는 옷에, 머리는 한 번도 빗은 적이 없고, 무표정한 얼굴에 눈동자마저 초점이 없었습니다. 거기에 매력도 없고 의욕도 없는 데다 친구조차 없는 아이였습니다. 아무도 그런 테디를 좋아하지 않았지요.

톰슨 선생님조차도 모든 반 아이들을 똑같이 사랑한다고는 했지만, 그 말이 완전히 진심은 아니었습니다. 그녀는 테디에 관한 가정환경 조사서를 이미 본 상태라 알고 싶지 않았던 것도 알고 있었지만 좀더 자세히 알았어야 했지요. 그 기록에 보면, 테디는 착한 아이였지만 가정의 보살핌을 거의 받지 않고 있다는 걸 알 수 있었습니다. 어머니는 돌아가셨고, 아버지는 집안 일에 통 관심이 없었던 것 같았습니다.

크리스마스가 가까워 오자, 반 아이들은 선물을 학교로 가져왔습니다. 물론 테디도 선물을 가져왔지요. 선물을 열어 볼 시간이 되자, 선생님은 누런 종이에 스카치 테이프를 붙여 포장한 테디의 선물을 풀어보았습니다. 그 속에는 조잡한 라인석이 박힌 팔지 하나와 싸구려 향수 한 병이 들어 있었지요. 게다가 팔찌에 박힌 라인석도 반쯤은 빠지고 없었습니다.

이윽고 아이들은 낄낄거리기 시작했지요. 그러나 선생님은 그런 것에는 아랑곳하지 않고, 팔찌를 팔목에 끼고 향수를 팔목에 찍어 바른 뒤, 아이들에게 냄새를 맡게 했습니다. 냄새를 맡게 하면서 "애들아, 이 팔찌 정말 멋있지 않니?"라고 말했습니다. 이런 선생님의 신호에 맞추어, 아이들은 세상에서 제일 좋은 향수의 냄새를 맡으며, 세상에서 제일 좋은 팔찌를 구경이라도 하듯이, 감탄사를 연발해 주었습니다.

그날 오후, 아이들이 다 돌아가고 난 다음 테디는 천천히 톰슨 선생님에게 다가와 말했습니다:

"저, 선생님……선생님한테서 엄마 냄새가 나요……그 팔찌는 엄마 거였는데, 선생님한테 정말 잘 어울리네요."

그 다음날, 이제 톰슨은 예전의 선생님이 아니었습니다. 바로 하나님의 대변자가 되었지요. 특히 테디와 같은 열등한 학생들에게는 더욱 그랬습니다. 그 선생님은 정말로 아이들을 모두 다 사랑하기 시작한 것입니다. 그 일로 테디도 완전히 변화되었습니다.

그 뒤, 오랜 시간이 지난 어느 날, 톰슨 선생님은 테디로부터 편지 한 통을 받았습니다:

사랑하는 톰슨 선생님, 지금 제가 수석으로 대학을 졸업하게 되었습니다. 이 사실을 제일 먼저 선생님께 전해 드리고 싶어서 편지 드렸습니다.

- 사랑하는 제자 테디 올림

그로부터 4년 뒤, 또 한 통의 편지를 받았습니다:

사랑하는 톰슨 선생님, 저 테오도르 스탈라드가 의학 박사가 되었답니다. 기쁘시죠? 그리고 선생님께 또 다른 한 가지 사실을 제일 먼저 알려드리고 싶습니다. 저 다음달 27일에 결혼합니다. 오셔서 제 어머니께서 살아 계셨더라면 앉으셨을 자리에 앉아 주실 수 있으시겠습니까? 그리고 아버지께서 그만 돌아가셨답니다. 이제 선생님은 제게는 단 한 분뿐인 제 가족이세요.
- 사랑하는 제자 테디 스탈라드 올림

테디의 결혼 예식장에서, 톰슨 선생님은 바로 테디가 말한 어머니용 좌석에 앉아 테디의 결혼예식을 지켜보았습니다.

승리자의 자세

지금 현재 열한 살인 켈리 로즈웰은 리틀리그 소속의 소프트볼 선수입니다. 그 아이는 그랜드메사 메이저걸스 올스타 팀에서 유격수와 투수를 맡고 있지요. 그 아이는 소프트볼을 사랑합니다. 그래서 운동장으로 돌아가 운동할 수 있는 봄이 되기를 기다려야 한다는 것이 그 아이에게는 무척이나 힘든 일입니다.

물론 그에게서 소프트볼만이 전부는 아닙니다. 켈리는 학교에서 우등생이었고, 어떤 과목에서든 '수' 이하를 받는 일은 용납할 수가 없었지요.

켈리는 물론 아직 어립니다. 그래서 보통 사람들은 이 어린이가 '영웅'이라는 호칭을 들을 만하다고는 생각하지 않지요. 그러나 내가 평가하기로는 충분히 그럴 만합니다. 그 아이가 보통 아이라고는 여겨지지 않을 테니까요.

"켈리 로즈웰, 11세, 백혈병 있음."

1988년 3월에 그렇게 진단받은 이래로 그 아이는 이 병과 생사를 건 싸움을 해오고 있습니다. 수주 동안 콜로라도 주의 덴버 소아과 병원에서 생명을 건 치열한 투병 생활을 했지요.

그 아이는 매주 그랜드 정크션과 덴버 사이를 오가는 왕복 800km 이상의 길을 왔다갔다해야 합니다. 그러다 6주에 한 번으로 줄어들었습니다. 4시간을 차를 타고난 뒤, 주사, 수혈, 알약……. 그러나 이 모든 과정을 켈리는 불평없이 무난히 견뎌 내고 있지요. 일반적으로 약물치료는 구토과 메스꺼움을 수반합니다. 그러나 켈리의 아버지 스티브 씨의 말에 따르면, 아이는 큰 문제없이 잘 해오고 있으며 싫증도 내지 않고 있다고 합니다.

어머니 조안나는 이렇게 말합니다: "엄마로서 하염없이 울고만 있을 수도 있었지만 켈리는 그러지 못하게 했어요. 하나님께서는 우리들에게 켈리를 주셨고, 우리는 켈리와 함께 하는 시간들이 특별하다는 사실을 깨닫게 되었어요. 하나님께서는 우리들에게 자녀를 선물로 주시고 아이들은 하나님께 속해 있지요. 우리는 단지 아이들과 정해진 시간 동안만 같이 지낼 수 있습니다."

로즈웰 가정은 독실한 크리스천 가정입니다. 기도는 이 싸움에서 크나큰 도움이 되고 있지요. 또한 교회와 교우들은 힘과 격려의 원천이었습니다.

백혈병도 사랑하는 소프트볼로부터 켈리를 떼어놓을 수 없었습니다. 1988년 여름에도 켈리는 활력이 떨어지지 않았습니다. 켈리는 포수와 타자로서 팀을 2위로 이끈 진정한 스타였습니다! 어느 면을 보아도 승리자였지요.[5]

그리고……켈리는 마침내 암을 극복했습니다! 어떻게 아느냐고요? 그 아이가 호된 시련을 겪던 시기에 나는 그 아이의 목사였습니다. 어느 면을 보더라도 켈리는 진정한 승리자입니다.

실패

등단한 지 20년이 넘도록 로버트 프로스트는 자신의 문학과 관련해서는 실패자였습니다. 친구들과 이웃들, 그리고 출판업자들도 그를 실패자로 보았죠. 그는 인정받고자, 또 작품을 출판하고자 외로움 속에서 절망적으로 싸웠습니다. 그렇지만 그에게는 결코 기회가 주어지지 않는 것 같았습니다. 프로스트는 종종 이렇게 말하곤 했습니다: "그 때만 해도 나를 시인이라고 생각하는 사람은 나 말고는 아무도 없었지요."

이제 세상은 프로스트를 기리고 있으며, 그는 가장 위대한 시인 가운데 한 사람으로 우뚝 서 있습니다. 그의 시집은 지금까지 22개 나라에서 번역되었고, 미국판 시집은 백만 부 이상이나 팔렸습니다.

프로스트는 문학인이라면 누구나 선망하는 퓨리처 상을 네 번이나 받았고, 어떤 문학인보다도 호평을 받았습니다. 사람들은 그가 작품을 계속 발표하기를 기대했습니다.

로버트 프로스트가 출판사에서 첫 시집을 출판할 수 있었을 때는 이미 39살이었습니다. 20여 년이라는 그 긴 세월 동안, 그의 글은 계속 퇴짜를 맞았지만 그는 글쓰기를 멈추지 않고 작품을 계속 써냈습니다. 끝내 그의 인내는 보답을 받았습니다. 그의 작품은 출판되었고 시인으로 인정받았습니다. 오늘의 우리는 로버트 프로스트의 작품 덕분에 세상이 좀더 지혜로워졌고 좀더 풍요로워졌다고 말할 수 있을 겁니다.

저명한 정신과 의사인 조지 크레인 박사는 최근 위대한 사람이 갖추어야 할 몇 가지 자질을 목록으로 만든 바 있습니다. 그가 주목한 자질들 가운데 몇 가지는 재능이나 책임감 등 우리가 예상할 수 있는 것들입니다. 그러나 의외로 그는 육체적인 인내 또한 필요하다고 말합니다. 그는 많은 사람들이 인생의 후반부까지 필생의 목표를 이루기 위해서는 무엇보다도 끈기가 필요하다고 이야기하면서, 윈스턴 처칠을 그 대표적인 예로 제시합니다.

인생의 육체적인 영역에 적용되는 것은 영혼의 영역에도 마찬가지로 적용됩니다. 우리가 하나님께서 원하시는 존재가 되고자 하는 궁극의 목표에 이르려면 영혼의 인내가 반드시 필요합니다. 성경에서는 이 자질을 '인내'라고 하기도 하지만, '오래 참음'이라고도 하지요. 사도 바울은 오래 참음이야말로 성령의 열매라고 말했습니다.

인생이라는 기나긴 여정에서 우리를 절망에 빠지게 하는 것들은 결국 대단한 것이 아닙니다. 우리가 우리 삶의 목표에 도달하려 한다면, 먼저 인내라는 덕목을 갖춰야 하지요. 그것은 충분히 그럴 만한 가치가 있으며, 결국 여러분은 그 순간에 인내심을 발휘한 것을 기뻐하게 될 것입니다.

자동차 후드 밑의 기적

우리 주위에는 그 근원을 알 수 없는 이야기들이 종종 있습니다. 다음의 이야기도 그런 것 가운데 하나로 달라스에 있는 비벌리힐스 침례교회의 창설자인 하워드 코네스터에 따라 전국의 TV 시청자들에게까지 알려졌지요.

오래 전 일이라 이름을 잊었기 때문에, 앞으로 이야기할 두 십대 소녀들을 케리와 수잔이라고 부르기로 합시다. 둘은 시내

상점에서 시간이 늦은 줄도 모르고 쇼핑하다가 집에 돌아가려고 보니 이미 날이 어두워져 있었지요. 출구에서 살펴보니 주차장에는 그들의 차밖에 없었습니다.

두 소녀는 무서워졌습니다. 다른 누구라도 함께 있어 차 타는 곳까지 가주었으면 좋으련만 하고 막연히 바랄 뿐이었습니다. 쇼핑타운 근처는 우범 지역이므로 절대 늦지 말라고 당부하셨던 아버지의 말씀이 떠올랐기 때문입니다.

"일단 여기를 빨리 빠져나가자!"

수잔은 짐을 들고 케리는 뒤따라오며 사방을 두리번거리면서도 최대한 빨리 걸었습니다.

거의 성공한 것 같았습니다! 케리가 차 문을 열쇠로 열고 들어가서 수잔에게 문을 열어주기 위하여 손을 뻗었을 때였습니다. 그들 바로 뒤에서 황급히 뛰어오는 발자국 소리가 들렸습니다. 겁에 질린 둘은 험악하게 생긴 두 남자를 보았지요 .

그들 가운데 하나가 소리를 질렀습니다: "너희들, 도망가기는 틀렸어! 우리한테 딱 걸렸어!"

그 순간 수잔은 급하게 차 안으로 뛰어들면서 거의 동시에 차 문을 잠궜습니다. 그리고는 케리가 떨리는 손으로 시동을 켰습니다. 그러나 켜지지 않았습니다! 몇 번을 시도했건만…… 허사였습니다! 딸깍 소리만 나고 고요했습니다. 아무런 변화가 없었지요! 전혀! 남자가 창문을 부수려던 찰나였습니다.

그러자 소녀들은 모든 것을 체념하고 마지막으로 자신들의 안전을 구하는 기도를 올렸습니다: "하나님, 전능하신 손으로 기적을 일으켜 저희를 구해 주십시오!" 케리가 다시 한번 열쇠를 돌렸습니다. 그러자 마침내 시동이 걸려 무사히 주차장을 빠져나올 수 있었습니다!

소녀들은 놀라움과 동시에 안도감으로 집으로 돌아오면서 내내 눈물을 흘렸습니다. 차를 세우고 집으로 뛰어들어가서 부모님께 모든 이야기를 털어놓았습니다.

"하나님, 감사합니다! 무사하니 정말 다행이다. 하지만 두 번다시는 이런 일이 없도록 해라!" 아버지가 말씀하셨지요. "정말 이상하구나. 그 차는 단 한 번도 시동이 안 걸린 적이 없었는데, 당장 나가서 살펴봐야겠구나."

차고에 가서 후드를 연 순간……누가 딸들을 무사히 집으로 인도했나를 첫눈에 알 수 있었습니다! 그 차는 배터리가 완전히 나가서 엔진을 전혀 가동시킬 수 없는 상태였던 것입니다.

절망은 죽음에 이르는 병

빅터 프랭클이라는 유대인 심리학자가 있었습니다. 그는 제2차 세계대전 당시 다른 동료들과 함께 수용소에 갇혀 있었지만 실망하지 않고 심리학자로서 의무를 다하였습니다.

죽음의 기로에 선 사람들의 모습을 보면서 '모든 사람들이 같은 상황에 처해 있으면서도 나이와 건강 등에 상관없이 어떤 사람은 일찍 죽고 또 어떤 사람은 그렇지 않은가?'에 대한 연구를 하기 시작했습니다.

그는 끊임없이 관심을 가지고 사람들을 유심히 관찰한 결과, 살 수 있다는 희망이 생명을 지탱하게 하는 힘이라는 사실을 알게 되었습니다. 죽을 수밖에 없는 실제 상황에서도 희망을 포기하지 않고 하루하루를 기대하는 사람들은 그나마 수용소 생활을 잘 견디고 버텨 나갔던 것입니다.

그는 동료들의 심리를 분석하면서 자신도 이렇게 마음을 먹었다고 합니다: '내가 지금은 수용소에서 죽음을 기다리고 있는 처지지만, 끝까지 삶을 포기하지 않고 희망을 가지고 있는 한, 나는 죽지 않는다. 그리고 이곳에 있다는 것이 얼마나 내게는 행운인가! 이런 곳에서 심리학계에 공헌할 만한 진정한 삶의 의미와 생존의 상관 관계에 대하여 연구하고 있으니 말이야. 난 곧 이곳을 나가 많은 사람들 앞에서 강의를 하게 될 거야.'

결국 그는 희망대로 살아남아 수용소를 나오게 되었고, 그 후에 삶의 의미를 심리치료와 관련시킨 '의미치료'(Logo-therapy)를 창안하는 위대한 업적을 남겼습니다.

필요한 돈을 보내 주세요!

1924년에 설립된 달라스 신학대학은 얼마 되지 않아 파산할 위기에 처했습니다. 사실상 대학은 도산 직전까지 몰려 심하게 흔들리고 있었지요. 그날 채권자들은 돈을 구하기 위하여 대학측이 모든 인간적인 노력을 다하고 있다는 사실은 알았지만, 정오에 대학측의 저당권 유질처분 발표를 할 계획이었습니다. 그 운명의 날 아침에 많은 직원들과 이사들이 차퍼 박사와 함께 총장실에 모여 하나님이 기적의 돈을 만들어 주시기를 기대하며 기도를 하러 모였습니다. 침례교에서는 사람들이 원을 만들고 교대로 기도하는 관습이 있지요.

그들 가운데 해리 아이런사이드 박사도 있었습니다. 그의 차례가 되었을 때 그는 특유의 핵심을 찌르는 말투를 보여주었습니다: "주님, 넓은 언덕에 있는 소떼들이 모두 주님 것이라는 것을 잘 알고 있습니다. 제발 그 소떼의 일부라도 팔아 돈을 마련해 주십시오." 기도를 마치자, 다음 사람이 기도를 했습니다. 학교를 걱정해서 모인 이 사람들은 돌아가며 기도를 계속했지요.

그들이 기도회를 하고 있을 때 부츠에 청바지를 입고 올이 성긴 칼라가 달린 셔츠를 입은 텍사스 사람이 사무실로 들어와 안내원에게 말했습니다: "저는 포트 워스에서 두 트럭 분량의 소를 막 팔았습니다. (사업 거래가 잘 되도록 노력하고 있는데, 그게 잘 되지 않을 것 같아요.) 그러나 지금 이 돈을 이 대학에 기부해야 할 것 같은 기분이 들어서 왔습니다. 이 돈이 필요한지는 잘 모르지만 일단 돈을 두고 가겠습니다."

키가 작은 직원은 손을 뻗어 수표를 들고 액수를 보았습니다. 상황이 중대하다는 것을 알았기 때문에, 그녀는 곧바로 일어나서 기도회가 열리고 있는 총장실로 갔지요. 그리고 조심스럽게 노크를 했습니다. 기도를 방해하고 싶지 않았지만 누군가가 노크 소리를 들어야만 했지요. 그래서 그녀는 총장인 차퍼박사가 문을 열 때까지 문을 두드렸습니다.

그녀는 기쁨에 넘쳐 무슨 일이 있었는지 설명하고 수표를 건넸습니다. 수표를 받아 든 차퍼 총장은 수표의 금액이 자신들이 필요한 액수와 일치한다는 사실을 알았지요. 차퍼 총장은 수표의 이름을 확인하고 돈을 준 사람이 포트 워스의 목장 주인임을 알았지요. 그래서 뒤로 돌아 자신의 자리로 가서 차퍼는 기도를 중간에 끊고 해리 아이런사이드 박사를 향해 열광적으로 외쳤습니다: "해리, 하나님께서 소를 파셨다네."

오늘 여러분은 재정 문제로 고민하고 있을지도 모릅니다. 또한 여러분은 하나님의 존재와 그분이 여러분을 도와주실지 의

심하고 있을지도 모릅니다. 끊임없이 기도하십시오. 그러면 하나님은 여전히 여러분을 보살피시며 도와주실 것입니다.

단지 시간 낭비였다고 생각했는데

우리가 살아가는 동안 다른 이들에게 어떠한 영향력을 얼마만큼 끼치는지 그것을 다 아는 사람이 있을까요? 남들을 위하여 열심히 노력했는데, 단지 시간 낭비였던 것 같아 풀이 죽은 여러분을 위하여 이 이야기를 하고 싶습니다.

제2차 세계대전이 한창이던 시절, 어떤 여인이 전혀 이름을 기억할 수 없는 한 병사로부터 편지 한 통을 받았습니다. 그의 이름은 머레이였고, 바로 전장에서 그녀에게 보낸 편지였지요. 그 편지 속에서 말하기를, 그는 한때 그녀의 주일학교 학생이었다고 했습니다. 그 주일학교 시간에 그녀가 들려주었던 예수님의 이야기는 사내아이들에게는 영웅 이야기로 와 닿았기 때문에, 그 뒤로 머레이의 인생관을 완전히 바꿔놓았다고 했습니다. 살아가면서 한 번도 일기 쓰기를 거르지 않았던 그 여인은, 일기장을 꺼내 머레이가 언급한 날짜의 일기를 읽어보았지요. 일기에는 그 날이 주일학교에서 매우 낙담한 채 돌아왔던 날이었고, 주일학교에서 가르치는 것을 포기할까 하는 생각도 들었던 날이었다고 써 있었습니다.

그 날 일기의 첫머리에는 이렇게 적혀 있었습니다: "정말 끔찍한 시간이었다. 아이들은 끊임없이 떠들어 대고, 난 이런 상황에 대해서 전혀 준비가 안 돼 있었다. 두 반을 한꺼번에 가

르쳐야 했기 때문에, 아이들을 다 조용히 시킨다는 것은 불가
능했다. 아이들은 그 누구도 내 가르침에 귀를 기울이지 않았
다. 하지만 공부가 끝날 무렵, 다른 반의 딱 한 아이가 내 말
에 귀를 기울이는 것 같았다. 그 아이는 점차 조용해지더니 차
분해졌다. 하지만 그 아이는 아마도 장난치는 것에 싫증나서
그랬을 것이다.[6]

그 여인이 이름도 모르는 한 소년의 전 인생에 깊은 영향력
을 심었듯이, 우리 주위 사람에게 우리의 삶이나 신앙이나 대
화 등이 어떠한 영향력을 심어줄지 아무도 모릅니다.

어머니들이 어린 생명들에게 심어 주는 사랑과 보살핌의 씨
앗들이 갖는 위대함을 한 번 생각해 보십시오! 성경은 우리에게
'잘할 수 있을까?' 하고 걱정하지 말라고 했습니다. 때가 되면
거두게 될 거니까요. 아이들에게 투자하는 시간은 결코 낭비가
아닙니다. 포기하지 마십시오!

그리고 낙심하지 마십시오! 오늘 여러분은 누군가의 일생에
영원히 남을 결정적인 영향을 주고 있을지도 모르니까요.

천재 탄생

출신 성분을 봐도 빅토르가 뭔가 특별한 학생이었으리라고
생각되는 구석은 없었습니다. 도리어 일반학생들보다 약간 떨
어지는 학생이었으며, 게다가 문제아였지요. 열다섯 살이 되었
을 때, 고등학생이던 그에게 선생님은 "빅토르 세리비리아르코
프는 열등생이야!"라고 말했으며, 게다가 학교를 그만 두고 나
가서 장사나 배우는 것이 더 나을 것이라고까지 했습니다.

그 말을 받아들인 빅토르는 학교를 그만 두었으며, 장사를 배우기 시작했습니다. 그 뒤 17년간을 이 직업, 저 직업 떠돌았습니다. 목적도 없이 떠도는 그의 삶은 마치 자신은 열등생이라는 사실을 증명이라도 하는 듯했지요. 하지만 그의 나이 서른두 살이 되던 해, 그의 인생을 완전히 바꾸는 아주 놀라운 일이 벌어졌습니다. 그 해, 그는 어디서, 무슨 동기로, 누구에게인지는 몰라도, 아이큐 테스트를 받았지요.

그 결과, 사람들은 그가 아이큐 161인 천재임을 알았습니다. 보통 사람들은 아이큐가 90에서 110 사이인데, 정말 놀라운 일이 아닐 수 없었습니다.

그 날 이후로, 빅토르의 모든 것이 바뀌었습니다. 그가 정말 천재다운 행동을 하기 시작한 거지요. 오늘 사람들 사이에서 그는 저명 인사가 되어 있습니다. 방랑자의 삶을 버리고 아주 성공적인 비즈니스맨이 되었습니다. 책도 여러 권 저술했습니다. 여러 가지 새로운 것들을 발명하여 특허도 받았습니다. 이제 그는 아이큐가 140이상인 사람들만 들어갈 수 있는 국제멘사협회 의장이기도 하지요.

자기 자신이 누구인가를 깨닫는 순간, 빅토르는 한 순간에 다른 사람으로 바뀐 것입니다.

빅토르의 예에서 보듯이, 우리 자신이 자기 스스로를 바라보는 시각에 따라 자신이 결정된다는 것을 아십니까? 하지만 우리는 흔히 특별한 사람이 우리를 어떻게 평가하느냐에 따라 우리 자신을 바라보는 시각이 달라지곤 하지요. 그들이 하는 말을 듣고 그대로 행동하기 시작합니다. 우리는 자신이 실패자라고 믿으면 실패자처럼 행동하고, 저능아라고 생각되면 저능아처럼 행동합니다.

오늘 가만히 자신에 관해서 생각해 봅시다. 나는 나 자신에 대하여 잘 알고 있습니까?

성경은 말씀하십니다. 바로 여러분은 하나님의 가장 놀라운 기적 그 자체라고요! 여러분은 세상의 소금이요 어둔 세상을 밝히는 빛이며, 여러분에게는 산을 옮길 수 있을 만한 비밀이 감추어져 있다고 말하고 있지요. 이 세상의 그 어떤 것보다도 소중한 것이 있다면, 그것은 바로 여러분 자신인 것입니다. 여러분은 부자이며 승리자이며 왕의 왕이신 분의 자녀입니다.

그러므로 왕의 자녀다운 행동이 그대에게 어울립니다!

모두 다 구출됐나요?

몇 년 전, 미국 뉴잉글랜드 지방을 강타한 폭풍우 속에서 배 한 척이 난파를 당했습니다.

그래서 많은 사람들이 해변에 모여서 구조 작업을 도와주었지요. 이윽고 구명보트가 사나운 파도 속을 뚫고 들어가 생존자들을 싣고 돌아오기 시작했습니다. 폭풍우 소리가 요란한 가운데 구조대원 한 사람이 난파선 선장에게 큰소리로 물었습니다: "모두 구출됐습니까?" "아직 한 사람이 남았소."라고 선장이 말했습니다. "끝에 한 사람이 남아 있었는데 미처 구할 수가 없었소. 그 사람은 바다에 빠져버렸고 막 배는 가라앉으려던 참이었소. 우리가 마지막으로 그를 봤을 때, 그 사람은 배의 부서진 조각 같은 것을 잡고 있었소." 그러자 요한 홀덴이 말했지요." 그럼, 다시 가서 그를 찾아야죠!"

그 때, 요한 홀덴의 옆에 서 있던 그의 어머니가 말했습니다. "요한, 4년 전에 너의 아버지가 탔던 배가 가라앉아 결국 아버지가 익사하신 일을 기억 못하겠니? 그리고 네 형 월도 며칠 전에 바다에 나가서 돌아오질 않았잖니? 요한, 나에게는 너밖에 없단다. 제발, 그 조난당한 사람을 구하러 다시 바다에 나가지는 말아다오." 하지만 요한은 매우 단호하게 말했습니다: "나가야 합니다, 어머니! 저기 바다 속에 한 사람이 구조를 기다리고 있어요."

요한과 선장은 자그마한 노를 젓는 배를 타고 나갔습니다. 하지만 바다 사정이 좋지 않았지요. 폭풍우가 여전히 사나웠습니다. 바다로 나가는 자식을 보고 있던 어머니는 낙심된 마음에 그만 한 구석으로 돌아서서 눈물을 흘리고 말았습니다. 이제 마지막 남은 자식마저도 잃어버릴 것 같았기 때문이지요.

계속되는 비바람 속에서도 사람들은 그들을 걱정하며 서너 시간 동안이나 거기서 자리를 뜨지 않았습니다. 그러나 말없이 모여 있던 사람들은 뭔가 일이 잘 안 되고 있음을 직감적으로 알았지요. 계속 울고 있는 어머니를 다른 사람들이 위로해 주고 있었습니다. 어떤 사람들은 뭔가 재미있는 일이 생기기를 기대하고 있는 듯했지요. 마침내 한 사람이 바다를 향해 손가락을 가리켰습니다. 바로 조그마한 구명보트가 해변으로 돌아오고 있었습니다. "찾았나요?"

파도에 흔들리는 배 위에서 요한이 큰 소리로 외쳤습니다: "예, 그 사람을 발견했어요. 그리고 우리 어머니에게 말해 주세요, 그 사람이 월 형이라고요!"

그렇습니다, 그 날 어머닌 잃었던 아들을 다시 찾은 것입니다. 이 얼마나 극적인 상봉인가요? 만일에 요한이 그 날 다시 바다로 나가지 않았다면 어찌됐을까요? 요한처럼 예수님이 길

잃은 양들을 여전히 찾고 계시다는 사실이 기쁘지 않은가요? 요한의 어머니처럼 죽을 수밖에 없는 이들을 구하시기 위하여 하나님께서 이 땅에 독생자를 보내셨다는 사실은 정말 복된 소식입니다!

우울증 극복하기

여러분의 자매가 슬퍼하거나 외로움을 느끼거나 고민이나 절망에 빠져 있거나 의기소침해 있을 때는 어떻게 하겠습니까? 우울증의 일부라도 함께 나누어야 하지 않겠습니까? 다음의 이야기들은 여러분 형제자매나 친구뿐만 아니라 여러분에게도 도움이 될 것입니다:

(1) 우울증을 극복하는 것이 그리 복잡한 일은 아닐 것입니다. 그러나 먼저 하나님께 우울증을 극복할 힘을 달라고 기도하는 것으로 시작하세요.

(2) 자신에게 다음과 같이 말해 보십시오: "처음이 아니잖아? 이렇게 우울한 감정은 전에도 느꼈어. 이 감정은 계속 머무는 게 아니고 지나가고 마는 거야." 상처나 고통은 영원히 사라지지 않을지 모르지만, 기분이라는 건 좋아지기도 하는 거랍니다.

(3) 의도적으로 생각을 바꿔 보세요. 불행한 생각을 하지 말고, 어렸을 때의 행복한 추억을 떠올리거나 즐거운 생각을 하십시오. 부정적인 생각을 긍정적으로 바꾸는 것이지요.

(4) 오랫동안 걷거나 잡초를 뽑아 보세요. 또한 삽으로 길을 만들어 보거나 낙엽 청소를 해보세요. 아니면 강아지 목욕을

시키거나 세차를 해보세요. 하여간 밖에 나가 뭔가를 하십시오. 그럴 수 없다면 집안에서 활동적인 일을 하시던가요.

⑸ 현재의 희망을 세어 보십시오. 종이를 꺼내서 현재의 희망, 과거의 희망, 미래에 기대하는 희망의 목록들을 만들어 보세요.

⑹ 여러분보다 더 안 좋은 상황에 있는 사람을 도와주세요. 이웃이어도 좋고 친구, 자매, 친척도 좋습니다. 요양원에 가서 아무에게나 책을 읽어 주세요. 그 가운데 자기 연민의 껍질을 깨고 나와, 다른 사람의 입장이 되어 보십시오.

⑺ 이 우울한 감정이 육체적인 문제 때문이 아니라는 확신을 가지십시오. 그리고 용감하게 의사에게 가서 도움을 받으세요.

⑻ 하나님이 보살펴 주신다는 확신을 가지십시오. 누군가가 또는 무엇인가가 여러분이 우울할 때, 시험받을 때, 고난이 있을 때 도와주러 올 것입니다. 그리고 하나님께서 여러분이 불가능한 일을 감당할 수 있고 참을 수 없는 일도 참을 수 있게 도와주신다는 것을 믿어 보세요.

⑼ 여러분이 만나는 사람들도 모두 지치고 상처받고 외롭고 슬픈 인생의 어려운 고비를 극복했다는 사실을 생각하면 도움이 될 것입니다. 그러나 그 사람들이 대처한 방식이라고 모두 여러분에게 쓸모있다는 보장은 없지요. 하지만 절대로 용기를 잃지 마십시오.

⑽ 내일은 더 좋아질 거라고 믿으십시오! 미래에 대한 확신을 가지십시오! 그리고 하나님에 대한 믿음을 가지십시오! 하나님과의 관계를 믿으십시오! 믿으십시오!

당신이 미처 몰랐던 것들

* 알버트 아인슈타인 박사는 4살이 되어서야 겨우 말을 할 수 있었고, 일곱 살이 된 다음 비로소 글을 읽을 수 있었습니다. 그의 선생님은 그가 정신적으로 성장이 느리고 비사교적이기에, 어리석은 꿈 속에서 영원히 헤멜 것이라고 이야기한 적이 있지요. 그리고 그는 취리히 종합기술전문학교에서 쫓겨나기도 했습니다.

* 피터 제이 다니엘의 4학년 때 담임선생님이었던 필립스 부인은 그에게 이렇게 말했습니다: "피터, 넌 행실이 아주 안 좋아. 정말 나쁜 애로구나. 이러다가 넌 아무 것도 될 수 없어!" 사실 피터는 26살이 되어서야 겨우 읽고 쓸 줄 알게 되었습니다. 그런데 그런 그에게 커다란 변화가 찾아왔지요. 그의 친구가 함께 머물면서 그에게 나폴레온 힐이 쓴 〈생각하라 그리고 부자가 되어라〉라는 책을 읽어 주었던 겁니다. 오늘날 피터는 자신이 싸움질을 일삼던 거리에서 제일 많은 상점을 소유하게 되었고 자서전도 펴냈습니다. 그 자서전의 제목은 바로 〈필립스 선생님, 당신이 틀리셨어요!〉이지요.

* 베ㅇ토벤의 바이올린 연주 솜씨는 아주 형편없었습니다. 바이올린 실력을 높이려고 애쓰기보다는 자신이 손수 작곡한 곡들을 연주하는 걸 더 좋아했기 때문이지요. 그의 선생님은 베토벤에게 이렇게 말했습니다: "너는 작곡가가 되기는 어렵겠구나."

* 루이스 파스퇴르는 그저 평범한 대학생이었습니다. 그는 전공인 화학 시험에서 22명 가운데 겨우 15등을 했습니다.

* 많은 스포츠 관계자나 역사가들은 베이브 루쓰를 온 시대

를 통틀어 가장 훌륭한 운동선수라고 평가합니다. 그는 한 시
즌에서 가장 많은 홈런을 친 것으로 유명합니다. 하지만 그가
한 시즌 당 가장 많은 삼진아웃을 당한 기록도 가지고 있다는
사실은 그리 알려져 있지 않지요.

　* 엔리코 카루소의 부모님은 아들이 엔지니어가 되기를 바라
셨습니다: "엔리코는 목소리가 형편없어서 좋은 가수가 될 소질
이 없습니다!"라고 음악 선생님이 말했기 때문입니다.

　* 유명한 조각가 로댕의 아버지는 그를 천치 취급했습니다.
두 번을 낙방하고 세 번만에 가까스로 예술학교 입학시험에 붙
었기 때문이지요. 그 학교의 어떤 선생님은 그를 그 학교가 생
긴 이래로 가장 형편없는 학생이라고 말했습니다. 게다가 삼촌
까지도 그를 얼간이라고 했다지요.

　* 1933년 프레드 에스테어는 MGM의 테스트 감독에게 카
메라 테스트를 받았습니다. 그 때 감독은 에스테어에 대한 의
견을 메모지에 다음과 같이 적어 놓았지요: "연기가 전혀 안
됨. 약간은 천박하기까지 함. 춤도 전혀 못 춤." 그 뒤 그 메모
지를 입수한 에스테어는 그걸 액자에 넣어 비버리힐즈에 있는
자신의 저택 벽난로 위에 걸어 두었습니다.

　* 〈전쟁과 평화〉를 쓴 레오 톨스토이는 대학에서 낙제했습니
다. 대학교수들은 그 이유를 다음과 같이 말했습니다: "그는 배
울 능력도 없고 배우고자 하는 의지도 없습니다."

　그저 놀랄만한 일이라고나 할까요? 여기 거명된 유명 인사들
의 숨겨진 이야기처럼, 사람의 장래는 어느 누구도 예측할 수
없는 것입니다. 우리는 어떤 사람들에게 불미스러운 꼬리표를
붙인다거나, 자신의 선입견이라는 틀 속에 억지로 집어넣어 그
의 장래를 마치 다 알고 있다는 듯이 결론을 내린다던가, 충분

히 고려하지도 않고 서둘러 생각나는 대로 그에 대한 의견을
멋대로 쓴다던가 하는 실수를 하지 않도록 해야 합니다. 이 모
든 일들이 장차 미래의 큰 인물이 될 지도 모르는 아이들에게
너무나 쉽게 저질러질 수가 있지요.

그들도 실수를!

우리는 유명한 스포츠인들이 시합 도중에 실수를 하는 모습
을 종종 볼 수 있지요. 실수를 저지르는 일에는 명예의 전당에
입당한 사람들도 예외가 아닙니다.

여기에 미국의 유명한 야구 선수들이 있습니다. 모두들 기록
보유자이기도 하지요. 오늘은 여기서 우리가 전혀 몰랐던 그들
의 또 다른 기록들을 소개해 보기로 합시다.

* 베이브 루쓰 ─ 더 이상 언급할 필요 없는 경이적인 최고
의 홈런왕이지요. 그는 714개의 홈런을 쳤으며, 이 기록은 이
분야에서 39년간 깨지지 않았습니다. 하지만 그는 최다 삼진
아웃의 기록도 가지고 있었지요. 그 어떤 선수도 흉내내기 힘
든 총 1,330번의 삼진아웃 기록도 갖고 있었습니다.

* 티 코브 ─ 환상적인 주자이며 타격왕이었던 그는 한 시즌
에서 도루왕이 되었는데, 이 기록은 1982년까지 이 분야 최
고의 기록이었습니다. 1951년 한 시즌에서, 그는 도루 시도
중 38번이나 아웃 당하는 기록을 세웠는데, 이것도 최다 기록
이 되었습니다.

* 사이 영 ─ 걸출한 투수였던 그는 511승이라는 현재까지
도 깨지지 않는 기록을 가지고 있지만, 313패라는 기록도 있

습니다. 한때 한 시즌에서 13승 21패라는 기록도 냈었지요.

* 행크 아론 — 755개의 홈런으로 베이브 루쓰의 기록을 깬 사람이지요. 하지만 그도 타격 부문에선 최다 더블플레이 기록을 세웠습니다.

* 월터 존슨 — 가장 위대했던 투수 가운데 한 사람이었던 그는, 최근까지도 3,508개의 최다 삼진아웃 기록을 보유하고 있었습니다. 204개의 데드볼이라는 기록도 아울러서요.

* 지미 폭스 — 이 시대가 낳은 가장 훌륭한 오른손 타자로서, 한 시즌에 57개의 홈런을 때렸습니다. 하지만 한 시즌에 연속 7개의 삼진아웃을 당한 기록도 보유하고 있지요.

* 로베르토 클레멘트 — 유명한 피츠버그 파이어럿 팀의 스타인 그는, 한 올스타 게임에서 4번의 삼진아웃을 당한 기록을 가지고 있습니다. 이 기록은 아직도 깨지지 않고 있지요.

* 샌디 코팩스 — 다저스 팀에서 투구 센세이션을 일으킨 장본인이지요. 그가 치른 게임 가운데 4번이 퍼펙트 게임이었습니다. 하지만 타격은 완전히 엉망이었지요. 연속 12개의 삼진아웃을 당한 기록은 여전히 최고의 기록으로 남아 있습니다.

* 레지에 잭슨 — 앤젤스 팀의 홈런 제조기. 1983년 5월 13일 트윈스 팀과의 시합에서, 그는 메이저 리그에서 2000번째 삼진아웃을 당한 선수가 되었습니다. 이런 기록이 자신에게 무슨 의미가 있느냐는 질문에, 앤젤스의 이 느림보 외야수는 "그 기록은 네 번의 시즌 내내 제가 공을 하나도 못 쳤다는 뜻이죠!"라고 피식 웃으며 말했습니다.

그래요, 여러분들도 자신감을 가져 보세요! 열심히만 한다면, 여러분의 실수는 어느덧 사람들의 기억에서 사라지고, 오직 여러분의 승리만이 사람들의 기억에 남게 될 것입니다.

장애물을 넘어서

산다는 게 언제나 쉬운 것은 아닙니다. 사실, 대부분의 사람들에게서 삶은 멋지게 즐길 수 있는 것이 아니라 언제나 어려움과 시련에 맞서 싸워야 하는 전쟁터이지요. 세상에서 위대했던 대부분의 사람들 역시 역경과 자신들에게 불리한 조건들을 짊어지고 살았습니다. 하지만 이들은 이 장애물들을 멋지게 극복해 내었지요. 그렇다면, 이 문제에 대해 한번 생각해 봅시다. 정말로 그들은 위대한 인물이었기에 장애물들을 잘 극복해 내었을까요, 아니면 그들이 장애물들을 잘 극복해 냈기 때문에 위대하게 된 것일까요? 다음을 같이 보도록 하겠습니다.

불구라는 역경은 지금의 월터 스콧 경이 있게 했습니다.

투옥되어 자유를 박탈당하고, 활동의 자유를 빼앗기는 역경은 존 부니안을 있게 했습니다.

포지 계곡의 눈 속에 묻혀 숫적으로 너무나 우세한 적들과 맞서 싸우는 역경은 조지 워싱턴을,

비천한 가난에서 자라나 정치적인 패배의 쓴잔을 무수히 마시며 사랑하는 사람마저 잃어버린 역경은 아브라함 링컨을,

어렵게 자라 종교적 편견에 시달렸던 역경은 디스라엘리를,

어릴 적 소아마비로 평생을 다른 사람에게 의지하며 살아야 했던 역경은 루즈벨트 대통령을,

흑인 차별이라는 역경은 부커 티 워싱톤, 헤리엇 튜만, 마리안 앤더슨, 조지 워싱턴 카버, 마틴 루터 킹 2세 그리고 넬슨 만델라를 태어나게 했지요.

또한 18남매의 맏이로 태어나서 가난에 시달렸지만 그 역경을 자신의 음악적인 재능으로 이겨낸 사람이 앤리코 카루소였

고, 나치 집단 수용소에서 살아난 부모 밑에 태어나 네 살 때부터 하반신 마비를 겪었던 역경은 이 시대 최고의 콘서트 바이올린 연주자 아이작 펄만을 있게 했습니다.

또한 배우는 속도가 워낙 느려서 지체아라는 꼬리표를 달고 다니다가 끝내 학교에서 쫓겨난 역경은 알버트 아인쉬타인을 있게 했습니다.

귀머거리였지만 천재적인 작곡가가 된 베토벤도 있지요.

마지막으로 섬에 유배되는 역경을 딛고 비전을 가졌던 이는 바로 사랑의 사도 요한이었구요.

이제 나는 너희에게 새 계명을 준다. 서로 사랑
하여라. 내가 너희를 사랑한 것 같이 너희도 서
로 사랑하여라. 서로가 서로 사랑하면, 모든 사
람이 그것으로써 너희가 나의 제자인 줄을 알게
될 것이다(요한복음 13:34-34).

2

사랑의 나눔 있는 곳에
하나님께서 계시도다

God is Our Love

사랑의 나눔
있는 곳에 하나님께서 계시도다

랍비의 선물

한때 그 많은 건물에 젊은 수도 사들로 가득 차고 큰 예배당에서는 찬양 소리가 끊이지 않았던 어떤 유명한 수도원이 있었습니다. 그런데 시련이 찾아왔습니다. 차츰 건물들이 거의 텅 비어갔고, 몇 명의 늙은 수도사들만이 노령에 지친 다리를 이끌고 수도원의 복도를 돌아다니며 암담한 마음으로 기도와 찬송을 드리고 있을 뿐이었습니다.

그 수도원이 있는 숲속의 가장자리 부근에는 랍비 한 사람이 오두막을 짓고 살고 있었습니다. 랍비는 때때로 기도하거나 금식하러 그 수도원에 오곤 했지요. 어느 누구도 그에게 말을 거는 사람은 없었지만, 수도사들은 그를 가리켜 '숲속을 거니는 랍비'라는 이름을 붙여주었습니다. 그의 기도하는 모습을 바라보던 수도사들은 그의 모습을 통해 많은 격려를 받았지요.

어느 날, 수도원 원장이 랍비를 방문해 마음을 터놓고 이야기해 볼 결심을 하고 그를 방문했습니다. 오두막에 다다라 보니, 랍비가 문 앞에 서서 마치 긴 기다림 속에서 기다렸다는 듯이 두 팔을 벌려 환영을 했습니다. 둘은 오랫동안 못 만났던 형제가 만난 양 깊은 포옹을 한 뒤, 오두막으로 들어갔지요.

오두막 안에는 평범한 탁자가 하나 놓여 있었고, 그 위에는 성경이 펼쳐져 있었습니다. 그런데 그 앞에 앉은 랍비는 갑자기 울기 시작했습니다. 그러자 수도원장도 참지 못하고 같이 울기 시작했습니다.

한참만에 울음을 그친 두 사람 사이에 짧은 침묵이 흐른 뒤, 랍비가 드디어 입을 열었습니다: "당신과 당신의 형제들이 지금 암담한 마음으로 수도원 생활을 하고 있다는 것을 알고 있습니다. 그 문제를 제게 상의하러 오셨으니 제가 중요한 것을 한 가지 알려드리죠. 이것은 한 번 이상 다른 이들에게 말해서는 안 됩니다. 또 어느 누구도 절대로 큰 소리로 이것을 말해선 안 됩니다." 그리고는 수도원 원장을 똑바로 쳐다보며 랍비는 말했지요:

"여러분 가운데 메시야가 계십니다."

수도원 원장은 그 말을 듣고는 어떤 질문도 없이 뒤도 돌아보지 않고 그 자리를 떠났습니다.

그 다음날 아침, 수도사들을 다 집합시킨 원장은 어제 숲 속을 거니는 랍비에게서 들은 이야기를 그대로 수도사들에게 해 주었습니다. 그들은 깜짝 놀랐으며, 어느 누구도 그 이야기에 대해서는 아무 말도 하지 않았습니다. 그 이후로 수도사들이 서로를 대하는 태도가 완전히 달라졌지요. 서로를 아주 존대하는 태도로 대하기 시작한 것입니다. 이러한 모습은 이곳을 방문하는 사람들에게 깊은 인상을 심어 주었고, 사람들이 먼 곳으로부터 찾아와 수도사들의 기도 생활에서 삶에 대한 가르침을 얻고자 했습니다. 또한 젊은 사람들은 이 공동체를 찾아와 일원이 되게 해달라고 부탁했지요.

세월이 흐르고 이제 랍비는 더 이상 그 숲속을 걸어다니지 않았지만, 그의 가르침을 마음 속 깊이 받아들였던 수도사들은 여전히 랍비의 기도하는 모습에 격려를 받고 있었습니다.

사려깊은 교수님

개강 첫날 이 대학 교수는 늘 해왔듯이 101명의 학생에게 자기 소개를 하라고 시켰습니다. 이름과 얼굴을 같이 기억할 수 있도록 자기 자신에 대하여 제일 좋아하는 것과 제일 싫어하는 것을 이야기하라고 했지요. 학생들은 차례로 일어나서 자신의 이름을 말하고 제일 좋아하는 것과 제일 싫어하는 것을 이야기했습니다. 조금 서먹서먹한 분위기였지만 가끔은 강의실이 웃음바다가 되었습니다. 첫수업치곤 멋진 출발이었습니다.

그 때 도로시 차례가 되었습니다. 그러나 그녀는 일어서지 않고 머리를 숙인 채 아무 말도 없이 책상만 쳐다보고 있었지요. 교수는 그녀가 듣지를 못했거나 너무 수줍음을 타거나 용기가 조금 모자란 것이 아닐까 하고 생각했습니다.

"도로시, 도로시, 말할 차례예요!" 여전히 아무 반응이 없었습니다. 그래서 교수는 다시 한번 말했습니다: " 자, 도로시, 자기 소개를 해보세요!"

다소 오랜 침묵을 깨고 그녀는 일어났지만, 학생들이 볼 수 있게 얼굴을 돌리지는 않았습니다. 그녀는 말했지요: "저는 도로시 잭슨이에요." 그리고 그녀는 학생들을 향해 돌아서서 자신의 얼굴을 가리고 있던 긴 머리카락을 손으로 쓸어올렸습니다. 그런데 그녀의 왼쪽 얼굴 전체가 거의 대부분 붉은 점으로 덮혀 있었습니다. 도로시는 불쑥 이렇게 내뱉었습니다: "여러분들은 이제 제가 가장 싫어하는 것이 뭔지 알겠지요?"

도로시의 말이 끝나자마자 사려깊은 교수는 그녀 쪽을 향해 걸어갔습니다. 부드럽게 몸을 숙여 그녀의 점에 입맞춤을 하고 힘껏 안아 주었습니다. 그리고는 똑바로 서서 말했습니다: "괜찮아요. 하나님과 나는 도로시가 아름답다고 생각해요!"

그녀는 흐느끼기 시작하더니 몇 분 동안 울기 시작했습니다. 다른 학생들도 교수를 따라 그녀 주위로 모여 그녀를 안아 주었습니다. 그녀는 자세를 가다듬으며 말했습니다: "고마워요. 저는 평생을 누군가가 안아 주고 아름답다고 해주길 기다려 왔어요." 도로시는 잠시 말을 멈춘 뒤 마음을 가라앉힌 다음, 조용히 거의 속삭이듯 말했습니다: "그런데 우리 부모님은 왜 저에게 이렇게 해주지 않으셨을까요? 엄마조차 한 번도 제 얼굴을 만져본 적이 없어요.[7]

사랑의 손길 따위는 힘이 없다고 말하는 사람은 잘못입니다. 사랑의 손길은 믿을 수 없이 강하지요. 나는 그 다음의 이야기를 알고 싶지만, 도로시는 틀림없이 새로운 인생을 경험하게 되었을 것입니다. 이것은 바로 해방의 손길이었습니다. 예수님은 우리가 아무리 보기 흉해도 우리를 안아 주시고 입맞춰 주시고, 하나님이 우리를 얼마나 사랑하시는지를 보여 주시러 오셨습니다. 그리고 이것이 우리가 또한 해야 할 것이 아닐까요?

까까머리

캘리포니아의 오우션사이드에서 있었던 일입니다. 알터 선생님이 가르치는 5학년 학급에서는 누가 항암치료를 받고 있는지 알 수 없었습니다! 거의 모든 아이들이 까까머리였으니까요. 병을 앓고 있는 아이가 자신이 외톨이라고 느끼게 되지 않도록, 급우들 가운데 13명이 같이 머리를 밀어 버린 것입니다.

레이크 초등학교의 열한 살짜리 소년인 스코트 시벨리우스는 "우리 모두가 머리를 민다면, 사람들은 아마도 누가 암을 앓고 있는지 모를 거야."라고 말했습니다.

기록부에는 아이언 오고만이 아픈 아이였습니다.

의사들은 림프종이라고 불리는 병을 앓고 있는 이 아이의 소장에서 악성 종양을 떼어내었고, 약물 요법으로 치료를 시작했습니다. 그러자 아이언은 머리카락이 한 웅큼씩 빠져버리기 전에 머리를 완전히 밀어 버리려고 마음먹었지요.

그런데 놀랍게도 친구들이 이에 동참하려 했습니다.

"아이언이 진짜로 걱정하는 것은 자기만 눈에 띄는 것이 아니라, 놀림 당하는 거예요. 그래서 우리는 단지 아이언의 기분이 좀 더 나아지고 외톨이가 됐다고 느끼지 않게 하려는 거예요."라고 열 살짜리 카일 한슬릭이 말했습니다.

카일은 이 생각을 다른 친구들에게 얘기했고, 아이들 부모 가운데 한 사람이 명단을 받기 시작했죠. 그래서 지난주에 그들은 모두 함께 이발소로 향했습니다.

이 사실을 안 짐 알터 선생님도 아이들과 함께 머리를 밀었습니다.

"너희들은 세상 모든 사람들에게 아이들도 무언가 할 수 있다는 것을 보여준 거야. 사람들은 아이들이 점점 나빠져 가고 있다지만 너희들은 오히려 그 반대구나."라고 알터 선생님은 말했습니다.[8]

동정심 많은 친구가 된다는 것은, 친구의 마음을 헤아려 그 친구의 괴로움과 슬픈 상처까지도 같이 나누는 것이라고 흔히들 말합니다. 그러나 이 사건은 이런 감정을 훨씬 뛰어넘는 것이었지요. 다른 이의 고통을 줄여 주고 그 고통의 원인마저도 지워 주고자 하는 마음을 가졌기 때문에, 친구에 대하여 이렇게 할 있었던 겁니다. 얼마나 멋진 친구들인가요? 아이언에게는 이런 친구가 13명이나 있습니다! 자신의 머리카락을 기꺼이 희생할 만큼 충분한 애정과 인간미와 가슴을 가진 친구들이요. 주여, 제가 상처 입었을 때도 그런 사람들을 좀더 허락해 주십시오.

성경 말씀에 친구를 사귀기 위해서는 먼저 친구가 되어야 한다고 합니다. 멋진 인생을 사는 중요한 열쇠 가운데 하나는 친구가 되고 친구를 갖는 것입니다. 젊을 때가 바로 평생을 함께할 우정을 만들기 시작할 때지요. 여러분 친구 가운데 혹시 누군가가 자신의 삶 속에서 동정어린 이해를 조금이나마 필요로 하고 있지는 않나요?

기도하는 손

'기도하는 손'이라는 유명한 그림은 헝가리 금 세공인의 아들인 알베르히트 뒤러의 작품입니다. 그는 1471년 독일에서 태어나 1528년에 죽었습니다. 대부분의 천재들 경우가 그러하

듯, 이 예술가에 대한 이야기도 사실과 허구가 엮여서 오늘 우리가 알고 있는 전설이 되었지요.

그와 방을 함께 썼던 친구를 비롯하여 그를 알았던 사람들은 그를 알베르트라 불렀습니다. 알베르트가 미술 공부를 할 때의 이야기입니다. 알베르트는 친구 한 명과 같은 집에 살았습니다. 하지만 두 사람은 미술 공부를 하면서 부업으로 돈을 약간씩 벌었는데, 그걸로는 방세와 식비와 옷값 등 생계를 꾸려가기가 힘들었습니다. 그래서 알베르트는 한 가지 제안을 했지요. 친구가 공부를 마칠 때까지는 자신이 일을 해서 두 사람에게 필요한 돈을 벌고, 친구가 공부를 마쳤을 때에는 친구가 일을 해서 뒤러가 공부를 마칠 수 있도록 지원해 주는 것이 어떠냐는 것이었습니다. 그 친구는 그 제안에 기꺼이 찬성했으나, 자기가 먼저 일하고 뒤러는 공부를 계속하라고 고집하였습니다.

계획은 실행되었고 머지않아 뒤러는 숙련된 화가이자 조각가가 되었지요. 그래서 알베르트는 어느 날 집으로 돌아와서 이제 자신이 친구가 미술 공부를 할 수 있게 생계를 책임질 차례가 되었다고 선언했습니다. 그러나 힘든 노동 덕분에 친구의 손은 너무나 많이 상해서 더 이상 붓을 잡고 좋은 솜씨로 그림을 그릴 수가 없었습니다. 예술가로서 그의 길은 이미 끝난 것이지요.

알베르트는 친구가 겪고 있는 절망에 몹시 슬퍼했습니다. 그러던 어느 날, 알베르트가 집으로 돌아왔을 때 친구의 기도 소리를 듣게 되었고 경건한 기도를 올리고 있는 친구의 손을 보게 되었습니다. 그 순간 알베르트는 친구의 '기도하는 손'을 그리고 싶은 영감을 받았지요. 친구의 잃어버린 감각은 비록 되찾을 수 없겠지만, 그림 속에서 그리고 그림을 통해서 친구가 자기를 위하여 행한 자기 희생적인 노동에 대한 존경과 사랑을 표현할 수 있을 것이라고 느꼈습니다. 또한 다른 모든 사람들이 이런 그림을 통해서 누군가의 희생과 나눔을 입은 사람들에게 감사하는 마음을 가질 수 있으리라는 생각도 했구요.

이 이야기는 이제 전설이 되었습니다. 물론 나는 이 이야기가 사실인지 아닌지 증명할 수 없습니다. 하지만 이 얼마나 아름다운 이야기인지요! 자기 희생은 사랑의 표시이며, 이 바쁜 세상에서는 그다지 자주 볼 수 있는 일이 아닙니다. 그러나 이와 같이 희생적인 사랑을 행할 때 우리는 예수 그리스도의 한 지체임을 증명할 수 있습니다. 겸허한 나눔과 기도는 바로 천국의 문을 여는 열쇠이지요.

나의 가장 친한 친구

제2차 세계대전 가운데 군목 활동을 했던 고(故) 스타이저 박사는 교우들 가운데 전쟁터에서 갓 돌아온 한 젊은 해군장교에게 이렇게 물었습니다: "전쟁 가운데 가장 기억에 남는 일은 어떤 것이었습니까?" 여기 그의 대답이 있습니다:

우리는 북대서양의 잠수 지역을 항해하고 있었는데, 가까운 해저에 적의 잠수정이 있다는 것을 알게 되었습니다. 물론 우리는 그 위험한 상황에 긴장하고 있었지요. 이른 아침, 내가 관측할 시간은 아니었지만, 그 운명의 날, 나는 동트기 훨씬 전에 일어났습니다. 꼭 함교로 나가봐야겠다는 느낌이 들어서였지요. 나 역시 두려움을 느끼고 있었으니까요. 우리 배는 유럽으로 가는 만 명의 병사들을 태운 수송선이었습니다. 나는 미군과 그들의 안전에 대하여 막중한 책임감을 느끼고 있었지요.

선장과 함께 함교로 올라간 지 30분쯤 지나자, 태양은 동쪽 수평선에서 이제 막 불그스레 올라오기 시작했습니다. 우리는 황홀하게 바라보았습니다. 아름다웠습니다. 그 광경을 창을 통해 바라보고 있을 때, 우리는 동시에 그것을 포착했습니다! 어뢰가 하얀 꼬리를 그리며 우리 배를 똑바로 겨냥해 다가오고 있는 것이 아니겠습니까! 엄청난 일이었습니다! 우리의 육중한 배를 돌려 어뢰를 따돌릴 만한 시간이 없었습니다. 선창 안에서 자고 있는 만 명의 병사들을 생각하면서 선장은 이렇게 소리쳤습니다: "실제 상황이다!"

내 심장은 순간 멎어 버렸지요. 물론 선장은 전 승무원들에게 전투 배치를 명령했습니다. 그러나 전혀 쓸데없는 짓으로 보였습니다.

그 때 갑자기 아무도 생각조차 하지 못한 일이 벌어졌습니다. 좌현으로부터 구축함이 물살을 가로지르며 달려오고 있었습니다. 이 작은 배의 선장도 우리가 함교에서 본 어뢰을 보았던 것입니다. 나치 잠수정에서 쏜 어뢰가 우리 배의 한가운데를 똑바로 겨냥하여 다가가고 있는 것도요…….

그 선장은 엔진실을 향하여 단호하게 명령했습니다: "전 엔진을 우로!" 그는 구축함을 어뢰의 경로에 똑바로 맞추었지요. 그리고……그리고 그 배는 그대로 충돌하여 그 젊은 선장을 포함한 승무원들과 함께 가라앉았습니다.

그는 그 명령이 자신과 승무원들의 목숨을 잃게 할 것이라는 것을 알았습니다. 그러나 단 일초도 망설이지 않았지요. 그는 만 명이 넘는 타인을 위하여 기꺼이 목숨을 바쳤던 겁니다.

그 선장이 누구냐고요? 그는 나의 가장 친한 친구였습니다!

사랑의 복수

신문 칼럼니스트이자 목사인 조지 크레인은 남편을 지독히 미워하는 어떤 부인이 자신의 사무실을 찾아왔던 이야기를 했습니다. "나는 남편과 헤어지는 것만으로는 성이 차지 않아요. 좀더 많은 것을 원해요. 내게 상처 입혔던 만큼 남편에게도 상처를 주고 싶어요!"

크레인 목사는 교묘한 작전을 제시했습니다! "집으로 돌아가 마치 당신이 남편을 진정으로 사랑하는 것처럼 행동하세요. 또 그의 괜찮은 점이 있거들랑 빠짐없이 칭찬하세요. 그리고 그가 당신한테 얼마나 중요한 사람인가를 한번 말해 보세요. 평소처럼 하지 마시고 그에게 상냥하게 대하고, 배려해 주고, 관대하세요. 그렇게 그가 당신에게 변함없는 사랑을 느끼고 당신이 없으면 자기가 못 살 것이라고 확신하게 만든 후, 폭탄을 내던지는 겁니다. 이혼하겠다고 말하는 거에요. 그 말은 그를 정말로 상처 입힐 것입니다.

복수의 눈빛을 하고 그녀는 웃으며 소리쳤습니다: "멋져요! 정말 좋은 생각이에요! 그이는 아마 깜짝 놀랄 거예요!"

그리고 그녀는 목사가 시킨 대로 남편에게 온 정성을 쏟았습니다. '그런 척' 행동했던 거지요. 두 달 동안, 그녀는 사랑과 친절을 보여 주었고, 그의 말을 들어 주었습니다. 남편의 힘이 되어 주고, 희로애락을 함께 나누었지요.

크레인 목사는 그녀가 다시 찾아오지 않자 전화를 걸었습니다. "부인께선 이혼할 준비가 되셨나요?"

"이혼이라구요?" 그녀가 소리쳤습니다. "절대로 안 해요! 이제야 제가 진심으로 그이를 사랑한다는 걸 알게 되었거든요."[9]

행동으로 감정을 변화시키는 것이 정말 가능할까요? 이 이야기를 들으면 그런 것 같습니다. 그러나 한걸음 더 나아가 그것은 인생의 개념이기도 합니다. 그것은 '그런 척' 법칙입니다. 이 원리는 금세기 초, 윌리엄 제임스 박사에 따라 발견되었고 또 권장되었습니다. 그것은 단순하게 여러분이 '그런 척' 행동하면 그 일에 열중하게 되고 곧 감정이 행동을 따라온다는 것이지요.

이 정의를 사랑에 대하여 적용시켜 봅시다. 사랑은 우리가 예수 그리스도와 맺는 관계에 따라 유발되어 다른 사람에게 향하는 행동입니다. 마음 속에 아무런 대가를 바라지 않고 베풀어지는 행동이지요.[10]

사랑이 삶이라는 상황에 적용될 때, 그것은 곧 우리 가정을 부드럽게 운영하도록 해주는 요소가 됩니다. 사랑은 어떤 종류의 인간 관계에서든 언제나 윤활유 역할을 합니다. 또 사랑이 있으면 가정이 좀더 즐겁게 살 만한 장소가 되곤 합니다. 물론 항상 사랑의 느낌을 가지고 생활하지는 않지요. 그러나 여러분이 사랑스런 행동을 하면 사랑의 느낌이나 감정으로 변화할 수 있습니다! 사랑의 행동이 여러분의 인생길을 끌고 가게 하십시오!

값비싼 우정

이 이야기는 제2차 세계대전 가운데 있었던 일이며, 독일의 카젤 시 상공에 쏘아올려진 폭탄에 대한 이야기입니다. 여기 엘머 벤디너가 해준 이야기를 소개하겠습니다:

우리의 B-17기(톤텔라요)가 나치의 대공 사격으로 격렬한 불꽃 세례를 받고 있었습니다. 전과는 달리 이번 공격으로 우리 비행기의 연료 탱크에 구멍이 났지요. 나중에 20mm 유탄 하나가 연료 탱크를 뚫고 들어왔지만 폭발하지 않고 있는 것이 발견되었습니다. 이 사실을 안 아군 조종사인 본 포크스는 그런 일이 간단히 일어날 수 있는 일은 아니라고 말했습니다.

공습이 있던 다음날 아침, 본은 편대장에게 그 파편을 믿을 수 없는 기적의 기념물로 청하려고 내려갔습니다. 그런데 편대장은 본에게 한 개가 아니라 열한 개의 유탄이 연료 탱크에서 발견되었다고 말했습니다. 단 한 개만으로도 우리를 하늘로 날려버리기에 충분한 곳에서 자그마치 열한 개의 유탄이 발견된 것이지요. 그 일은 마치 모세 앞에서 홍해가 갈라진 기적이나 마찬가지였습니다. 지금으로부터 35년이 지났건만, 나는 그 끔찍한 사건을 생각만 해도 고개를 내젓습니다. 특히 그 나머지 이야기를 본에게서 들었을 때는 더욱 더요.

그는 병기공들이 신관을 제거하기 위하여 그 유탄들을 가져갔다고 들었습니다. 병기공들은 첩보 기관에서 그것들을 가져갔다고 했지요. 그들은 당시에는 이유를 말할 수 없었습니다. 그러나 본은 결국 해답을 찾아냈습니다.

병기공들이 열한 개의 유탄들을 열어 보았을 때, 분명히 아무런 폭발 물질도 없었습니다. 유탄들은 전혀 해가 없이 깨끗했습니다. 비어 있었냐고요? 모두 그렇지는 않았습니다!

그 가운데 하나에 조심스럽게 말린 종이 조각이 들어 있었습니다. 거기에는 체코어로 갈겨 쓴 글귀가 있었지요. 마침내 글을 해독하여 그 내용을 본 우리는 경탄을 금치 못했습니다. 번역된 그 글귀는 이랬지요!

> "이것이 지금
> 우리가 당신을 위하여 할 수 있는 전부입니다."[11]

이 같은 이야기는 우리를 망연자실하게 만듭니다! 믿을 수 없습니다! 조그만 행동이 다른 사람의 생명을 구할 만큼 큰 일을 낳을 수 있습니다. 나는 그 이름 모를 체코 군수공장 노동자가 밝혀졌는지 궁금합니다. 이 용감한 행동을 한 사람들이 더 있을까요? 작은 친절로 이 이름 모를 사람들은 얼마나 멋진 공헌을 했습니까? 영원하고 뜻깊은 우정을 세우는 데 꼭 배워야 할 또 하나의 교훈입니다. 여러분이 거기에 아무 것도 넣지 않았다면, 절대로 무언가 보답을 기대하지 마십시오.

사랑의 상처

한 고아 소년이 할머니와 함께 살고 있었습니다. 어느 날, 그 소년의 오두막에 불이 났고 할머니는 이층에서 자고 있던 손자를 구하려다가 그만 죽고 말았지요. 불타는 오두막 주변에 사람들이 몰려나와서 소년의 살려달라는 비명소리를 듣고 발을 동동 굴렀지만, 워낙 집 앞쪽의 불길이 거센지라 어느 누구도 손을 쓸 수가 없었습니다.

그 때였습니다. 한 낯선 사람이 사람들 사이에서 뛰쳐나와서 는 오두막 뒤쪽으로 달려갔습니다. 오두막 뒤쪽에 쇠파이프가 이층까지 연결된 것을 보고는 쇠파이프를 타고 이층으로 올라 갔습니다. 조금 지나자, 그는 아이를 팔에 안고 나타나 아이를 자신의 목에 매달리게 하고는 쇠파이프를 타고 내려왔지요.

몇 주 뒤에 그 아이를 누가 돌볼 것인가를 주제로 공청회가 마을회관에서 열렸습니다. 그 아이를 원하는 사람들은 누구나 한 마디씩 할 수 있었지요.

"우리 집은 큰 농장을 하기 때문에 일손이 필요합니다." 첫번 째 사람이 말했습니다.

두 번째 사람은 자기 부부가 아이를 얼마나 잘 돌봐줄 수 있 는가를 말했지요: "나는 선생입니다. 우리 집에는 커다란 서재 가 있어요. 이 아이가 좋은 교육을 받을 수 있을 겁니다."

여러 사람들이 이야기를 했고 마지막으로 그 마을에서 가장 부자인 사람이 말했습니다: "나는 부잡니다. 여러분이 앞에서 말씀하신 모든 것을 난 이 아이에게 해줄 수 있습니다. 게다가 난 돈도 줄 수 있고 여행도 시켜줄 수 있지요. 내가 이 아이를 데려가겠습니다."

판사가 "더 할 말이 있으신 분 없으십니까?"라고 물었지요. 그 때 아무도 모르게 공청회장으로 들어왔던 한 사람이 뒷좌석 에서 일어났습니다. 그리고는 앞쪽으로 걸어나왔습니다. 고통 스러운 얼굴을 하고 있던 이 사람은 곧장 그 소년 앞으로 걸어 나와서는, 양 호주머니에 넣었던 두 손을 꺼내 보였습니다. 곧 이어 탄성이 여기저기서 터져 나왔지요. 바로 그의 두 손에는 심한 화상 자국이 있었던 것입니다. 그런데 갑자기 그 소년이 그 상처를 알아챘다는 듯이 소리를 질렀습니다. 그렇습니다. 그 사람은 뜨거운 쇠파이프를 마다 않고 자신을 구해준 바로 그 장본인이었지요. 소년은 기뻐서 펄쩍 뛰며 자기 생명의 은인인 그 사람에게 매달려서는 놓지를 않았습니다.

　이제 농부도 떠났고, 선생도 부자도 떠났습니다. 오직 소년과 그 낯선 사람만이 판사 앞에 서 있었지요. 그 상처가 있는 낯선 이는 아이를 얻기 위하여 단 한 마디의 말도 할 필요가 없었습니다.

입맞춤

　외과의사인 리차드 셀저는 그 자신이 의사 생활을 하면서 겪었던 경험에 바탕을 두고 사람들의 관심에 대한 매우 흥미로운 이야기를 책으로 여러 권 써냈습니다. 그 가운데서 내가 가장 좋아하는 이야기 가운데 하나가 이것입니다:

　나는 어떤 젊은 여자가 누워 있는 침대 옆에 서 있습니다. 이제 막 수술이 끝났기 때문에, 그녀의 입술은 마비된 상태로 뒤틀려 있었고, 심지어는 우스꽝스럽기까지 했지요. 그녀의 입술 근육에 붙어 있는 안면신경의 작은 가지 하나가 수술로 절단되었기 때문입니다. 그녀는 이런 상태로 계속 지내야만 할 것입니다. 한 외과의사가 아주 조심스럽게 그녀의 안면 피부의 만곡 부분을 수술했습니다. 그는 정말 최선을 다했지요. 그렇지만 나는 그녀 뺨의 종양을 제거하기 위하여 다시 그 작은 신경을 추가로 제거해야만 했습니다. 그녀의 젊은 남편은 나의 맞은 편 침대 곁에 있었습니다. 난 몰랐는데 밤새 같이 있었던 모양입니다. '나 때문에 뒤틀린 입술을 가진 저 환자와 그 남편은 어떻게 저토록 서로를 열심히 쳐다보며 부드럽고 열정적으로 서로를 만져주고 있는 걸까?' 나는 속으로 생각했습니다.

"저는 계속 이런 상태로 지내야 하나요?" 그녀가 물었습니다. "네, 입술 근육 신경이 제거돼서 그래요." 내 말에 그녀는 고개를 끄덕였고 더 이상 말을 하지 않았지요. 이때 젊은 남편이 웃으며 말했습니다: "입술이 귀여워져서 좋네요!"

그 순간, 나는 이 남편의 됨됨이를 알아보았습니다. 그를 이해하게 되었으며, 그만 나의 시선을 떨구었지요. 사람이란 원래 신을 만나면 겸허해지게 마련이 아닌가요! 그 남편은 내가 있다는 것에 개의치 않고, 허리를 굽혀 비뚤어진 그녀의 입술에 입을 맞췄습니다. 나는 가까이 있었기 때문에 정확히 볼 수가 있었습니다. 그는 여전히 예전처럼 입맞춤을 할 수 있다는 걸 보여주기 위하여 자신의 입술과 그녀의 입술에 맞춰 그녀처럼 비뚤어지게 해서는 입을 맞추는 것이었습니다.[12]

참된 사랑이란 사려깊은 행위입니다. 다른 사람을 편안하게 만들어 그의 영혼을 고양시켜 주는 것이지요. 내일에 대한 두려움을 떨쳐버리도록 도와주는 것입니다. 또한 타인의 영혼에 지른 빗장을 푸는 열쇠같은 것이기도 합니다.

이 이야기에서 우리는 근심되는 부분을 감춰 주기 위하여 모든 노력을 기울이는 특별한 사랑 이야기를 보았습니다.

더 나아가 사랑하는 사람의 고통을 나눠 가지기 위하여 행동까지도 맞춰 가는 위대한 희생을 우리는 보았습니다.

　　결혼 생활의 불행한 일 가운데 하나는 장애아가 태어나는 가정의 80%가 아이 때문이 아니라 그 결과 생겨나는 고통과 문제점과 아픔을 극복하지 못하기 때문에 결국은 이혼을 하고 말더라는 사실입니다. 하지만 그런 사실을 과감히 수용하는 삶은 어떤가요? 위에서 보았던 남편의 입맞춤 같은 그런 사랑의 수용 말입니다.

사랑의 고통

　　수요일 아침 여섯 시, 샌 베르나르도 산맥에 있는 캘리포니아 주 런닝 스프링에 사는 제임스 로손은 일하러 가기 위하여 집을 나섰습니다. 또 한 시간 뒤, 서른 여섯 살의 아내 패시는 다섯 살박이 딸 수잔과 두 살박이 아들 제랄드를 차에 태우고 그 산맥 아래 리버사이드 초등학교로 출근했지요. 그녀는 여기서 오학년을 가르치고 있었습니다. 아이들은 가다가 보모에게 맡겨질 것입니다. 하지만 불행하게도 그들은 거기에 도착하지 못했습니다. 패시가 보모에게도, 근무지에 나타나지 않았다는 소식이 들려왔습니다. 그 뒤 여덟 시간 반만에, 제임스는 산기슭 차가운 냇물 속에 처박힌 부서진 차 안에서 죽어 있는 아내와 딸을 발견했지요. 그의 아들은 차가운 물 속에서 겨우 살아 있었습니다.

　　아내가 외치는 소리를 들은 것 같아 벼랑을 허둥지둥 내려간 제임스는 자신의 생각이 틀렸음을 알았습니다. 그녀는 죽어 있었던 거지요. 하지만 그녀가 물 속에 잠긴 차 안에서 아들의 머리를 물 위로 내민 채 죽어 있는 게 아니겠습니까?

사고가 났을 때 다섯 살 난 딸아이는 그 자리에서 죽었고, 밖으로 빠져나오려던 그녀는 부서진 차 안에 갇혀서 나오질 못 했습니다. 사고에도 불구하고 그녀의 옆에 앉아 있던 어린 아들은 살아 남았는데, 오직 그녀가 할 수 있었던 일은 차 안에 물이 스며들지 않은 틈새로 아들의 머리를 받쳐들고 있는 일이었지요.

여덟 시간 반 동안, 헌신적인 사랑으로 그 고통스런 자세를 취하면서 물 속에 있던 그녀는, 결국 체온 저하로 죽고 말았습니다. 그녀는 죽고 말았지만 여전히 아들을 붙잡고 있었기 때문에, 아들은 물 속에서 숨을 쉴 수가 있었지요. 그래서 아들은 살아났지만 어머니는 그 대신 죽었습니다. 그래요, 바로 이런 것이 헌신적인 모성애의 표본이 아닐까요?

우리는 또 다른 가슴아픈 헌신적인 사랑의 이야기를 알고 있습니다. 그것은 바로 하나님이 사랑하는 독생자 아들 예수를 이 험악한 세상에 보내시어, 십자가에 매달려 고통받고 돌아가시게 하심으로써 우리를 죽음에서 해방시켜 주신 것이지요. 그저 놀라운 사랑이 아니겠습니까!

하지만 어린 아들 제랄드가 그 어머니의 희생적인 사랑을 모르고 있듯이, 우리도 영원한 삶을 우리에게 허락하신 예수님의 그 사랑을 모르고 있는 것은 아닐까요?

어머니의 귀가 없었다

한 목사님이 새로 아빠가 될 남자에게서 전화를 받았습니다. 목사님에게는 흔히 있는 일이었지요. 하지만 이 남자에게는 너무나 특별한 일이었습니다. 그 남자는 아내가 마취에서 깨어나 예쁜 사내아이를 낳았다는 말을 듣게 될 때, 목사님이 함께 계시기를 바랬습니다. 그런데 한 가지 충격적인 사실이 있었습니다. 그것은 바로 아기에게 귀가 없었다는 거지요!

목사님이 병원에 도착했을 때, 바짝 긴장한 그 남자와 의사를 따라 병실로 들어갔습니다. 그곳에는 힘겨운 산고 뒤 마취에서 깨어나 누워 있는 산모가 있었지요. 의사는 그 아이의 귓구멍과 귀 안에 청각기관들이 다 갖춰져 있으므로, 듣는 데는 아무 이상이 없다고 말했습니다. 다만 외부의 귓바퀴가 없을 뿐임으로 성장에는 아무런 문제가 없고, 성인이 된 뒤 적당한 기증자만 찾아서 수술을 받으면 된다고 했습니다.

그렇게 세월은 흘러, 어느덧 아이가 자라서 학교에 들어가게 되었습니다. 하지만 이 작은 아이에게 학교 생활은 너무나 힘들었지요. 수도 없이 많은 날을 울면서 학교에서 돌아오곤 했습니다. "애들이 내가 병신이래요." 그 아이를 놓고 많은 애들이 쑤군거리고 조롱하고 흘겨보며 별명을 부르곤 했습니다. 또한 이후에 중학교와 고등학교에서 겪었던 일들은 그 아이에게 더욱 쓰라린 것이었지요. 하지만 이제 의젓한 젊은이가 된 아이는 그러한 환경에 적응하게 되었으며, 그 비난들에 잘 대처하였습니다. 그는 공부도 잘해 장학생으로 대학에 들어가 지리학을 공부했지요.

어느 봄날, 그의 아버지가 다른 지방의 대학교에서 공부하고 있던 그에게 전화를 했습니다. 바로 그에게 귀를 기증해 줄 사람을 찾았다는 것이지요. 수술이 이번 여름에 있으니 수술을 받기 위하여 집으로 올 계획을 세우라는 것이었습니다.

드디어 그 젊은이는 수술을 받았고, 다행히도 수술은 성공적이었습니다. 가을에 학교로 돌아간 그 젊은이는 너무나도 행복했습니다. 그가 받은 아름다운 귀! 그의 앞날은 전혀 새로운 날들이 된 것이지요. 그 후 우등생으로 졸업한 그 젊은이는 미드웨스트에서 직업을 갖게 되었습니다. 부모들은 이런 그가 무척 자랑스러웠지요.

그러던 어느 날, 아버지가 전화를 해서 어머니가 심장마비로 쓰러졌으니 빨리 돌아오라고 연락을 했습니다. 그래서 그 즉시 비행기로 고향에 돌아왔지만, 어머니는 이미 이 세상에 계시지 않았습니다. 다음날 장례예식장에서, 아버지는 아들을 데리고 어머니의 관으로 가서 어머니의 머리카락을 넘겨 아들에게 보여 주었습니다. 그런데 이게 웬일인가요! 누워 계신 어머니의 귀가 없는 것이 아니겠습니까! 그렇습니다. 어머니가 자신의 귀를 아들에게 주었던 것입니다.

우리 한번 하나님의 사랑을 생각해 봅시다. 그 어머니가 아들에게 준 것보다 더 소중한 것을 주신 그 사랑을 말입니다.

바로 우리에게 그분은 자신의 아들을 주신 것입니다!

가족을 만드시는 하나님

"하나님, 뭐하고 계세요? 지금, 퍼즐 게임 하세요?" 궁금해진 천사가 물었습니다. "아니."

미소를 머금은 하나님께서 대답해 주셨습니다: "가족을 만들고 있는 중이란다." 이 말에 흥미가 부쩍 솟은 천사가 질문을 퍼붓기 시작했지요.

"가족을요?…… 음, 그렇군요. 부품들이 무척 많네요. 제일 큰 부품은 뭐지요?"

"바로 아버지라는 부품이지."

"하지만, 너무 큰 것 같은데요."

"물론이지, 그들은 강해야 되기 때문에 크단다. 열심히 일을 해야 하고, 무거운 짐들을 떠맡아야 되지. 그들은 내 모습을 본따 만들었는데, 가족들에게는 든든한 안전판 구실을 한단다. 넓은 어깨는 아이들을 기르고 아내의 슬픔을 받아주기 위한 것이지. 그의 커다란 발은 단단한 기초를 상징하는데, 뱀을 밟아 죽이고, 아이들의 친구가 되기도 하며, 자녀들에게 좋은 선례의 발자국을 남긴단다."라고 하나님께서 말씀하셨습니다.

"그리고 이 귀여운 부품들은 뭔가요?" 천사가 물었지요. "어머니라고 불리지." 하나님의 대답에 천사가 다시 말하였습니다: "귀엽기는 한데, 너무 약하지 않나요?" 그러자 하나님께서 대답하셨지요: "겉으로 보기에만 그렇단다. 작고 귀엽지만, 대부분은 남자라고 불리는 것보다도 강하단다. 네가 보기에는 아버지가 강하게 보이지? 그것은 모든 사람에게 안정감을 주기 위한 것이야. 어머니는 예쁘게 보일 필요가 있어. 하지만 그녀의 내부에는 사랑이라는 위대한 힘이 있는데, 무척이나 강해서 모든 사람들을 다 수용하지. 못 생긴 남자든, 코흘리개 애기든, 길 잃은 강아지든, 상관 않고 모든 것을 수용한단다."

"이 부품들은 정말 작네요?" 이 질문에도 하나님께서 대답하셨습니다: "아이들이라고 한단다. 아이들을 통해서 한 가족이 온전하게 되지. 부모가 아이를 임신하면, 난 그 아이들에게 영혼을 준단다. 부모와 내가 함께 일해서 새 생명을 세상으로 내보내는 거야. 부모가 된 사람들은 자기 자녀들에게 좋은 부모가 되는 법을 가르쳐 주지."

"여기 있는 퍼즐은 부품 하나가 빠졌네요?" 천사의 말에 하나 님께서 설명해 주셨습니다.

"모든 부품을 온전히 갖춘 것만을 가족이라 하지는 않는단 다. 몇 개의 부품이 빠진 가족도 가족이란다. 아버지가 없게 되면, 어머니가 양쪽 구실을 다 하게 되지. 그 반대의 경우도 가능하단다. 필요에 따라 그렇게 되는 거지. 더군다나 어떤 가 족들은 한 사람으로만 구성돼 있기도 하단다. 하지만 그들도 가족이지. 만일에 그들이 외롭다면, 내가 만들어 보낸 다른 가 족 가운데 하나가 그들을 돕는단다. 가족은 바로 사랑으로 결 합되지. 나의 사랑과 그들의 사랑으로 말이야."

천사가 약간 우려섞인 목소리로 말했습니다: "잘 돼야 될 텐 데요." "그래야지, 이 세상을 하나로 묶어 주는 게 바로 가정이 니까![13]

잠기지 않은 문

스코틀랜드의 글래스 고우에 살던 한 십대 소녀가 신앙심 깊 은 부모님이 주는 압박감과 집에서의 생활에 싫증을 느꼈지요. "난 부모님의 하나님이 싫어요. 난 하나님을 믿지 않겠어요. 그 리고 집을 나가겠어요!"

결국 소녀는 다른 세상 여자들처럼 살고 싶어서 집을 나갔습 니다. 하지만 직업을 구할 수 없었던 그 소녀는 결국 거리로 나가 창녀가 되고 말았지요. 세월이 흐를수록 그런 비참한 생 활에 더욱더 빠져들게 되었습니다.

집 나간 뒤로 그 소녀와 어머니는 전혀 소식을 주고받지 않았습니다. 그러다가 딸의 행방을 전해들은 어머니는 딸을 찾기 위하여 딸이 있는 도시의 변두리 지역을 찾아갔지요. 모든 구제 단체들을 돌면서 어머니는 말했습니다: "이 사진 한 장만 받아 놔주시겠어요?" 그 사진은 회색머리에 미소를 짓고 있는 소녀의 어머니 사진이었습니다. 그 사진의 밑에는 손으로 이렇게 쓰여 있었습니다:

　　　"여전히 널 사랑한단다……돌아오너라."

　그 뒤로 몇 달이 지나도록 아무런 일도 일어나지 않았습니다. 그러던 어느 날, 길거리에서 방황하던 소녀가 한 구제 단체에 식사를 얻어먹기 위하여 왔습니다. 그녀는 그저 멍하니 예배를 드리면서 게시판을 이리저리 훑어보고 있었지요. 그러다가 거기서 자기 어머니와 너무도 닮은 사진 한 장을 발견했습니다. 혹시?

　그녀는 예배가 끝날 때까지 기다릴 수가 없었습니다. 그 게시판으로 가서 그 사진을 들여다보았지요. 바로 자신의 어머니였습니다. 그리고 "여전히 널 사랑한단다……돌아오너라."라는 어머니의 말을 읽었지요. 너무나도 믿을 수 없는 사실에 소녀는 그만 흐느끼고 말았습니다.

　시간은 비록 밤이었지만, 그 사진 밑에 써 있는 말에 용기를 얻은 소녀는 집을 향해 걷기 시작했습니다. 결국 밤새 걸은 뒤, 이른 아침이 되어서야 소녀는 집에 도착하였습니다. 그러나 집에 들어가기가 두려워 문 밖에서 머뭇거렸습니다. 이제는 어찌해야 할지 몰랐습니다. 하지만 용기를 낸 소녀는 대문을 두드렸지요. 그런데 대문이 저절로 열리는 것이 아니겠습니까!

도둑이 들었을지도 모른다는 생각에 어머니를 걱정하며 소녀는 안으로 뛰어들어가 곧장 어머니의 침실 문을 열었습니다. 하지만 어머니는 여전히 주무시고 계셨습니다! 어머니를 흔들어 깨우며 소녀는 말했지요: "엄마, 저예요, 제가 돌아왔어요!"

이 말에 잠에서 깨어난 어머니는 자신의 눈을 의심했습니다. 내 딸이 돌아오다니! 눈물을 훔친 어머니와 딸은 서로를 부둥켜 안았습니다. "문이 열렸길래 도둑이 들어온 줄 알았어요." 딸이 말했습니다. 하지만 어머니는 조용히 말했지요:

"네가 집을 나간 날부터 지금까지 한 번도 대문을 잠그질 않았단다!"

용서하세요

언제나 신학강좌 첫시간에 자신의 젊은 시절 이야기 한 토막으로 시작하는 신학대학 교수님이 계셨습니다.

젊은 시절, 그 교수님은 거짓말로 아버지의 가슴을 몹시도 아프게 해드린 적이 있었습니다. 그 문제는 수년간을 서로에게 앙금으로 자리잡게 했고, 그렇게 죄책감과 양심의 가책에 시달리던 아들은 어느 날 아버지에게 한 통의 편지를 썼습니다. 편지 속에서 아버지가 혹시나 기억을 못 하실까 봐, 자신이 그날 잘못한 행동들을 다시 한번 열거하며 아버지의 용서를 구했습니다. 며칠 뒤, 아버지의 답장이 왔고, 그 답장에는 이렇게 적혀 있었습니다:

"물론 그날 일을 기억한다.

하지만 너의 모든 것을 용서한다."

   아버지의 그 편지는 그 날 이후로 아들의 어깨를 수년간 짓
눌러 왔던 멍에를 벗겨 버렸습니다. 그리고 아들의 생을 새롭
게 바꾸어 놓았지요. 하지만 진정으로 멍에를 벗은 것은 그 뒤
몇 년이 더 지나서였습니다. 편지를 받은 지 얼마 지나지 않
아, 그의 부모님은 세상을 뜨셨습니다. 장남으로서 부모님의
유품을 정리하러 부모님이 계셨던 집으로 돌아간 그는, 다락에
서 부모님이 평생을 소중히 간직하셨던 보물상자를 발견했지
요. 보물상자를 살펴보던 그는, 부모님을 눈앞에서 다시 뵙는
것 같아 눈에 눈물이 고였습니다. 그 모든 것이 그에게도 소중
히 다가왔지요.
   그러다가 문득, 상자 안에서 자신이 용서를 구하기 위하여
보낸 편지를 발견했습니다. 그것을 읽기 시작하는 그의 두 볼
에는 어느덧 잔잔한 눈물이 흘렀지요. 그 편지를 다 읽고는 뒤
집어 봤을 때, 거기 커다랗게 써 있는 글씨가 있었습니다.

   "이미 다 용서했음!"

   더군다나 그 글씨 밑에는 밑줄까지 그어져 있는 것이 아니겠
습니까! 정말로 아버지는 부자지간의 불화를 용서하셨던 거지
요.
   아버지가 아들의 모든 잘못, 특히 아버지 당신을 향했던 원
망과 불평을 용서하신다는 것을 아들이 알도록 해주신 것, 이
얼마나 아름다운 선물인가요! 우리가 용서하고 잊어버릴 수 있
다는 것도 얼마나 멋진 선물인가요! 이러한 용서로써 하늘에 계

신 우리 아버지는 우리를 대하고 계십니다. 그분께서 우리를
용서하신다는 것은, 우리를 아버지 품에서 분리시키는 우리의
모든 잘못을 아예 잊으시고, 우리가 전에 그런 죄를 지은 적이
없는 것처럼 여기신다는 것입니다. 여러분은 지금 어떤가요?
용서를 받아야 합니까, 아니면 용서를 해야 합니까? 우리 하나
님께서 여러분을 위하여 둘 다 도와주실 것입니다.

하얀 나무

스쿠더가 한 친구 이야기를 하였습니다.

어느 날 그가 기차를 탔는데, 옆자리에 수심과 괴로움으로
가득 찬 남자가 앉아 있었습니다. 이윽고 같이 이야기를 나누
게 된 그는 자신이 감옥에서 돌아오는 죄수라고 밝혔지요. 그
는 자신의 죄 때문에 가난하긴 하지만 자랑스러운 가문에 수치
를 남겼으며, 가족들은 자신이 감옥에 있는 동안 단 한 번도
면회를 오질 않았고 편지 또한 단 한 줄도 없었다고 했습니다.
그는 이것이 단지 너무 멀리 떨어져 있어서, 그리고 편지를 능
숙하게 쓸 만큼 교육을 충분히 받지 못해서 그랬기를 바랬지
요. 그러나 그는 가족들이 자신을 용서했는지 확신할 수가 없
었습니다.

그 젊은이는 가족들이 자신을 용서했는지 편하게 알아볼 수
있기를 바란다고 말했습니다. 그래서 그는 가족들에게 편지를
써서 열차가 마을 외곽을 지나갈 때 알아볼 수 있도록 신호를
해달라고 부탁했답니다. 만일 가족들이 자기를 용서했으면 하
얀 리본으로 나무를 장식하고, 그렇지 않으면 아무 것도 장식

을 하지 말고 그가 마음 편히 서쪽으로 끝임없이 갈 수 있게 해달라고 말이지요.

마을이 점점 가까워지자 젊은이의 긴장과 불안은 극에 달했습니다. 그래서 내 친구가 대신 알려주겠다며 그와 자리를 바꿔 앉았지요. 몇 분 뒤에 친구는 젊은이의 어깨에 대고 속삭였습니다:

"저기 나무를 보시오, 하얀 리본으로 가득한 나무를……."

나중에 친구가 와든 스쿠더에게 이런 말을 했습니다:

"난 마치 기적을 경험한 것 같았다네!"

다른 이의 잘못을 용서해 주는 사랑의 마음은 놀랍고 즐거운 일입니다. 이것은 힘들었을 때 옛시절이라는 강물 위로 놓여진 도움의 다리가 되어 주는 것과 같지요. 이런 일은 항상 놀라움을 자아냅니다.

내가 기억하기로 이 이야기는 나중에 유명한 유행가의 소재가 되었습니다. 아마 기억하실 겁니다.

"늙은 참나무에 노란 손수건을 달아 주세요!"

용서에는 인간을 사랑하는 데에서 나오는 믿기 어려운 외침이 담겨 있습니다. 여러분은 곳곳에서 들려오는 이 동경의 외침들을 것입니다. 명확한 질문이 아닐 수도 있지만, 무언의 반복구가 이렇게 계속됩니다: "당신은 나를 사랑하되 조건없이 사랑할 수도 있나요? 내가 용서를 받을 수 있나요?" 그때 난 여러분에게 아주 기쁘게 이렇게 말할 수 있습니다. 그러한 사랑은 예수 그리스도께서 주신 것이기에 또한 여러분의 것이기도 하다고! 오직 주님께 구하십시오. 그리고 이번 기회에 여러분이 용서할 수 없었던 사람을 용서해 보십시오!

아버지의 용서

어느 추운 겨울날 저녁, 한 남자가 심장마비를 일으켜 병원에 입원하게 되었습니다. 응급실에서 간단한 조치를 받고 병실로 옮겨지자, 그는 딸에게 전화를 해달라고 간호사에게 부탁했습니다.

"이보시오, 난 혼자 살고 있소. 그리고 그 애는 내 유일한 가족이오."

간호사는 딸에게 전화를 했습니다. 그러자 딸은 몹시 놀라며 전화기에 대고 거의 울부짖으며 말했습니다:

"아버지를 제발 살려 주세요! 전 아버지와 일년 전쯤에 심한 말다툼을 했거든요. 정말 용서를 빌고 싶었는데, 그 뒤로 몇 달이나 아버지를 뵙지 못했어요. 제가 아버지에게 마지막으로 했던 말은 '아버지를 증오해요!'라는 말이었어요."

잠시 동안 침묵이 흘렀습니다. 그리고는 딸의 울음소리가 들려 왔습니다. 그녀는 울면서 말했습니다:

"지금 갈께요. 30분이면 도착할 거예요."

얼마 뒤, 환자의 심장 박동이 멈추어 간다는 경보가 울렸습니다. 전화를 걸었던 간호사는 기도했습니다:

"오, 하나님. 이분 딸이 오고 있어요. 이렇게 끝내지는 마세요."

결국 환자를 살리려는 의료진들의 노력은 수포로 돌아갔습니다. 아드레날린을 주사하고 심장이 움직이도록 전기 충격을 주었지만 소용이 없었습니다. 환자는 죽고 말았습니다.

간호사는 병실 밖에서 의사와 환자의 딸이 이야기하는 것을 들었습니다. 딸의 애처로운 얼굴에는 슬픔으로 인한 고통이 나타나 있었습니다. 간호사는 다가가서 그 젊은 여인을 한쪽 옆으로 데려가 말했습니다:

"상심이 크시겠어요."

딸은 대답했습니다:

"전 아버지를 한 번도 미워한 적이 없어요. 이제 아버지를 뵈러 가야겠어요."

간호사는 속으로 생각했습니다: '왜 자신을 더 괴롭히려 하지?' 하지만 차마 말로는 못하고 그 젊은 여인을 병실로 데려갔습니다. 딸은 침대로 다가가 시트에 얼굴을 묻고 이제는 움직이지 않는 아버지에게 흐느끼며 마지막 인사를 했습니다.

간호사는 그 슬픈 이별을 보지 않으려고 시선을 돌리다가 침대 옆에 종이쪽지가 있는 것을 발견하고는, 그것을 슬픔에 빠져 있는 딸에게 건네주었습니다. 거긴 이렇게 쓰여 있었죠:

> "내 가장 사랑하는 딸 도나,
> 널 용서한다.
> 너도 나를 용서하렴.
> 네가 날 사랑하는 것처럼
> 나도 너를 사랑해.
> 아빠가."

누구나 저지를 수 있는 잘못이 초래한 비극입니다. 좀더 일찍 용서했더라면 얼마나 좋았을까요? 여러분도 혹시 이러한 잘못을 저지르고 있는 건 아닌가요? 그렇다면 더 이상 기다리지 마세요!

어머니의 참 가치

유명한 금융 분석가인 실비아 포터는 전업 주부들의 노동이 국민 총생산에 포함되지는 않지만 그들이 해마다 국가 경제에 수십 억 달러의 기여를 한다고 주장합니다.

포터는 어머니가 가족들을 위하여 사랑으로 봉사하는 것을 값으로 따지자면 아주 부유한 가정에서만 가능한 일일 거라고 말하지요. 포터는 전업 주부가 가정의 경제에 기여하는 정도를 수치로 나타내기 위하여 아이 봐주는 사람, 파출부, 요리사, 설거지하는 사람, 세탁부, 영양사 그리고 간호 조무사에게 지불되는 시간당 수당을 계산해 보았습니다. 포터는 어머니의 가사 노동은 그린스버로에서는 한 가족 당 23,580달러, 사우쓰 캐롤라이나에서는 26,962달러, 시카고에서는 28,735달러의 가치가 있다는 것을 알아냈습니다.

어떤 면에서는 이 분석이 가정 주부의 위신을 떨어뜨리고 있습니다. 비교적 낮은 차원의 노동에만 초점을 맞추었기 때문이지요. 포터는 코치, 선생님, 실내 장식가, 종교 교육가, 아동 심리학자같이 모든 어머니들이 가정에서 행하고 있는 역할 가운데서 높은 위치를 차지하는 역할들에 대해서는 고려하지 않았던 것입니다.

포터는 가정 주부들에게 이렇게 얘기합니다: "정부는 생산성 향상에 대하여 여러분들에게 훈장을 주어야 하고, 가족들은 감

사하고 소중히 여기는 마음을 가져야 합니다.[14)]

진실로 그렇습니다! 집에 있는 어머니야말로 오늘 찬양받지 못하고 있는 여걸들 가운데 하나인 것입니다! 어머니는 아이들을 양육해 가면서 가족에게 그 어느 누구도 대신할 수 없는 값비싼 용역을 제공해 줄뿐만 아니라 사회적으로도 충분히 중요한 존재입니다.

가정에 있는 어머니가 자기 역할을 잘 수행함으로써 우리 경제에 창출해 내는 엄청난 액수의 부가가치를 생각해 보십시오! 튼튼하고 안정적인 가정은 세계에서도 중요한 역할을 해내는 튼튼하고 안정적이며 생산적인 시민들을 만들어 냅니다.

어머니, 어머니는 누군가가 어머니에게 경의를 표하지 않는다면 당신 스스로라도 자신에게 경의를 표할 수 있는 권리가 있습니다! 어머니는 가치 있는 분이십니다! 어머니, 당신은 당신에게 주어진 의무보다도 훨씬 많은 것을 우리에게 주시고 계십니다! 어머니, 당신은 꼭 필요한 존재입니다! 당신은 중요한 존재입니다! 고맙습니다!

어리석은 행동?

젊은 농부가 기분 좋게 마차를 몰아, 켄사스의 한 작은 마을로 들어가서는, 대로변 모퉁이에 마차를 매두고, 일주일치 식료품과 필요한 것들을 사기 위하여 가게로 걸어갔습니다. 그런데 가게에서 폭죽을 가지고 우르르 몰려 나와서 이리저리 던져대는 아이들 때문에 잠시 문 옆에서 서 있는데, 그 아이들 가운데 한 아이가 농부의 말 바로 앞에서 폭죽을 던졌습니다. 이에 놀란 말들이 앞발을 들며 솟구쳤다 싶더니, 말고삐가 매여 있는 말뚝의 가로대를 내리밟아 버렸지요. 그러자 말들의 발길 질에 가로대가 그대로 부서지고, 폭죽에 놀란 말들이 이제 거리로 내달리기 시작했습니다. 이 광경을 보고 있던 농부는 한걸음에 달려와 주저없이 갈기를 휘날리며 달리기 시작한 말들 가운데 한 마리 위로 뛰어올라 가까스로 말고삐를 거머쥐었습니다. 그러나 놀란 말이 농부를 내동댕이쳤고, 그래도 용하게 말에 매달린 농부는 그렇게 매달린 채로 질질 끌려가는 꼴이 되었습니다. 그래도 그 말에 억세게 매달려 백 미터 정도를 끌려가는 동안 말들의 속력이 약간 줄어들게 되자, 이제는 다른 고삐를 쥘 수 있을 것 같았습니다. 하지만 그런 시도는 말이 갑자기 앞다리를 들고 서 버리는 바람에 무산이 되었고, 오히려 바람을 가르며 내려오는 앞발굽에 농부의 얼굴이 그대로 강타당했습니다. 의식을 잃은 농부는 그대로 땅바닥에 떨어져 즉사했습니다. 하지만 농부의 죽음으로 말들은 진정되었고, 사람들은 갓길로 그를 옮겨 놓았습니다.

사람들은 죽은 그의 시신을 들여다보며 그대로 초원으로 나가게 하는 것이 상책이었는데, 그가 미친 짓을 했다고 말했습니다. 그런데 바로 그 때였습니다! 멈춘 마차 안에서 한 꼬마 아이가 나와서 아빠를 찾으며 울기 시작한 거지요. 바로 이 아이때문에 농부는 말들을 초원으로 내보낼 수가 없었던 겁니다.[15]

이와 마찬가지로, 세상은 갈보리에서 십자가에 달려 죽으신 예수 그리스도의 희생을 어리석다고 말합니다. 하지만 생각해 봅시다. 자기의 목숨을 내놓는 것보다 더 큰 사랑이 이 세상 그 어디에 존재하겠습니까? 예수님은 바로 우리를 위하여 돌아가셨습니다!

1915년 크리스마스 이브

1915년의 크리스마스 이브는 몹시 추웠고, 제1차 세계대전은 그 맹위를 떨치고 있었습니다. 유럽의 서부전선으로 저를 따라 오십시오.

한 쪽은 독일군, 그리고 다른 한 쪽은 영국군이 대치하고 있었습니다. 이들은 혹독한 추위를 피하기 위하여 참호를 파고, 그 안에서 쉬고 있었습니다. 땅은 눈으로 뒤덮여 있었고, 하늘에는 달과 별이 밤하늘을 수놓고 있었지요.

순간 기관총이 전선을 따라 맹렬히 불꽃을 토해 냈으며, 예광탄이 참호들 사이를 넘나들었습니다. 분명 기억해야 할 것은, 이번 교전은 참호 속에서 벌어지고 있었다는 거지요.

크리스마스가 다가와도 전쟁은 그칠 줄 몰랐습니다. 그런데 크리스마스 하루 전날, 아주 특별한 일이 벌어지고 말았습니다. 점차적으로 전선을 따라 총성이 잦아드는 것이었습니다. 깊은 침묵이 서부전선에 깔렸습니다. 거의 믿기 어려운 일이었지요. 전쟁의 포효가 평화 앞에 무릎을 꿇은 것입니다.

침묵 속에서 참호로부터 찬송 소리가 들려 왔습니다. 독일어로 말입니다. 이 소리는 점점 커져서, 드디어는 전선 전체에 울려 퍼지기 시작하였습니다.

"고요한 밤 거룩한 밤……."

그리고는 곧 사라졌습니다.

곧이어 영어로 부르는 찬송 소리가 들렸습니다.

"고요한 밤 거룩한 밤……."

독일군 쪽에서 나는 소리였습니다.

그러자 이번에는 스코틀랜드군과 영국군이 저쪽에서 나는 찬송 소리를 다시 되받아 불렀습니다.

"오 베들레헴 작은 골 너 잠들었느냐……."

마침내 몇몇 독일군 병사들이 너무도 흥분한 나머지, 참호를 빠져나와 넘어서는 안 되는 선을 넘어, 영국군에게 가서 인사를 했습니다. 연합군 또한 이를 받아주었고, 이렇게 인사를 나눈 지 두세 시간이 흘렀습니다. 그들은 더 이상 싸우는 군인들이 아니었지요. 단지 각 지방에서 온 서로 다른 국적을 지닌 사람들에 불과하였습니다.

그들은 외쳤습니다: "싸움을 그만 두자! 오늘은 크리스마스 이브다!" 그렇게 그들은 크리스마스를 축하하였습니다. 식량을 나누고 함께 축구를 하였습니다. 함께 춤을 추며 즐기기도 하였습니다. 26일이 되었을 때, 아무도 다시 싸우고 싶지 않았습니다. 새로운 부대가 이곳에 도착하고 나서야, 전쟁은 다시 시작될 수 있었습니다.

여관에서 생긴 일

지금까지도 미국 중서부 지방의 한 작은 마을에서 열렸던 크리스마스 성탄극에 대하여 이야기를 하면, 월리스 펄링이라는 이름을 떠올리는 사람이 틀림없이 몇 명은 있을 것입니다. 해마다 있는 성탄극에서 어느 핸가 월리가 공연을 했던 일은 이제 전설이 되다시피 했지요.

아홉 살인 윌리는 4학년 나이였지만, 그 때 그는 2학년밖에 안 됐습니다. 대부분의 마을 사람들은 그가 학교 공부를 따라가기가 힘들다는 걸 알고 있었지요. 그는 몸집은 크나 어리숙하고 행동과 생각이 항상 느렸습니다. 그러나 윌리는 학급에서 인기가 좋았습니다.

윌리는 그 해 성탄극에서 플룻을 든 목동 역을 하고 싶었으나, 연출을 맡은 럼바드 선생님은 그에게 여인숙 주인이라는 중요한 역을 주었습니다.

그리고 마을 사람들이 연극을 보기 위하여 모여 들었습니다. 윌리스는 그 날 밤 무언가에 홀딱 빠져 있는 아이처럼 보였습니다. 나중에 사람들이 한 말이지만, 그는 무대 옆쪽에 서 있었고 극에 푹 빠져서 지켜보고 있었기 때문에, 자기 차례가 아닌데도 무대에서 돌아다닐 위험이 있었습니다. 그래서 럼바드 선생님은 그에게 분명한 주의를 주어야만 했지요.

그리고 연극을 시작할 시간이 되었습니다. 요셉이 천천히 등장했습니다. 요셉은 마리아를 다정하게 이끌고 여관 문으로 다가가서 배경에 그려진 문을 두들겼습니다. 윌리는 그 뒤에서 기다리고 있었습니다.

"무슨 일이슈?"

여관 주인이 퉁명스럽게 물었지요.

"우리가 하룻밤을 묵을 수 있을까요?"

"딴 데 가서 알아보슈."

윌리는 앞만 똑바로 보고 있었습니다. 하지만 목소리는 우렁찼습니다.

"방이 꽉 찼수다."

"제발 부탁입니다, 맘씨 좋은 주인장. 이 사람은 내 아내 마리아인데, 아내가 몸이 무거워 쉴 곳이 좀 필요합니다."

그제서야 여관 주인은 몸을 편한 자세로 바꾸며 마리아를 바라보았습니다. 그리고는 긴 침묵이 있었지요.

"안 돼, 썩 물러가시오!"라고 대사를 불러주는 사람이 옆에서 속삭여 주었습니다.

그래서 윌리도 자동적으로 대답했습니다. "안돼, 썩 물러가시오!"

요셉은 슬픈 모습으로 마리아를 안으며 아내의 머리를 자신의 어깨에 두게 하고는 떠나기 시작하였습니다. 여관 주인은 가만히 서서 의지할 곳 없는 이 부부를 바라보고 있었지요. 그런데 그 때 별안간 윌리가 입을 열었습니다. 얼굴은 애처로움으로 주름지고 눈에는 가득 눈물이 고여 있었지요. 갑자기 성탄극은 뜻하지 않던 방향으로 치닫게 되었습니다.

"잠깐만 기다리시오, 요셉!"

윌리가 소리쳤습니다.

"마리아를 데리고 오시오!"

윌리는 활짝 웃으며 말했습니다.

"내 방을 쓰시오!"[16]

용기

1917년 크리스마스 몇 주 전이었습니다. 그러나 유럽의 눈 덮인 아름다운 전경은 제1차 세계대전으로 얼룩져 있었지요.

그 때 한쪽 참호에는 독일군이, 또 다른 참호에는 미군이 있었습니다. 교전은 극심하였고 양측은 좁고 긴 무인지대로 나뉘

어져 있었지요. 그러던 중 한 젊은 독일 병사가 이 선을 넘으려다 철조망에 엉켜 그만 탄환에 맞고 말았습니다. 그러자 그는 고통으로 울부짖으며 계속 흐느꼈습니다. 귀청을 때리는 포격 속에서도 그 부근에 있던 미군들은 하나같이 그의 울부짖음을 들을 수 있었습니다.

그런데 그 때 그 광경을 보고 참다 못한 한 미군이 갑자기 참호를 빠져나오더니 그 독일군을 데리러 포복해 갔지요. 미군은 그 모습을 보고 사격을 중지하였으나 독일군은 계속해서 총알을 퍼부어댔습니다.

그러나 잠시 후, 독일군 장교가 이 광경을 이해하고 자기 부하들에게도 사격을 중지시켰습니다. 갑자기 어색한 침묵이 전선을 휘감았습니다. 그 미군 병사는 독일군 병사에게 가서 철조망을 풀고 독일군 참호로 그를 인도해 주었습니다. 그렇게 하고는 돌아서서 미군이 있는 쪽으로 다시 걸어갔지요.

그런데 미군 병사는 갑자기 누군가가 자신의 어깨에 손을 올리는 걸 느끼고는 몸을 돌렸습니다. 철십자 훈장을 달고 있는 독일군 장교의 손이었습니다. 그 장교는 자신의 훈장을 떼어 미군 병사의 어깨에 걸어 주었습니다. 그리고 무자비한 전쟁은 다시 시작되었습니다.

용기는 여러 가지 모습을 지니고 있습니다. 용기는 인간의 특성 가운데 행동을 통해서 보여질 때라야 비로소 깨달을 수 있습니다.

마리아와 요셉의 이야기는 용기를 보여준 역사상 가장 중요한 순간입니다. 폭군 헤롯왕 시대에 이 젊은 연인은 임신을 알아채고 왕의 왕이신 예수 그리스도를 이 세상에 나오시게 하였습니다. 얼마나 위대한 용기와 사랑인가요!

내가 주어야 했던 것들

오래 전, 뉴욕 콘월의 한 시골 중학교로 3학년을 담당할 새 선생님이 오셨습니다. 프랜스 아이랜 헝거포드 양은 작은 체구였으나 자애롭고 상냥한 숙녀였지요. 그 작은 마을 사람들은 곧 그녀가 헌신적이며 신앙심이 깊다는 것도 알게 되었습니다.

첫 수업 시간에 헝거포드 선생님은 칠판에 다음과 같은 성경 구절을 썼습니다: "자기 일에 능숙한 사람을 네가 보았을 것이다. 그런 사람은 왕을 섬길 것이요, 대수롭지 않은 사람을 섬기지는 않을 것이다"(잠언 22:29). 선생님이 쓴 글을 읽는 아이들의 눈에는 모두 장난기가 서려 있었습니다. 어느 누가 왕을 섬기게 될 것이라고 생각하겠습니까?

그러나 키가 크고 여윈 스티븐 피곳이라는 학생만이 웃지 않았습니다. 그는 공부를 잘했고 다방면에 뛰어난 학생이었지요. 아일랜드에서 이민 온 그의 아버지 팻은 글을 읽을 줄 몰랐기 때문에, 스티븐이 왜 그렇게 책을 좋아하는가 이해할 수 없었습니다.

스티븐의 담임이 된 헝거포드 선생님이 장차 어떤 인물이 되고 싶은지를 묻자, 스티븐은 전혀 주저하지 않고 대답했습니다: "선박 기술자가 되고 싶어요!" 그녀는 스티븐이 꼭 해낼 수 있으리라 확신했으며 대학에 가도록 격려해 주었습니다.

그렇게 시간이 흘러, 결국 콜롬비아 대학에 진학한 스티브은 열심히 공부하였으며, 1903년 드디어 명예로운 졸업식을 갖게 되었습니다. 그가 콘월 중학교를 다니던 시절의 스승이었던 헝거포드 선생님은 짧은 축전을 보냈지요.

"거봐라. 넌 해낼 거라고 내가 말했었잖니?"

그 후 5년 뒤, 그는 스코틀랜드로 갔다가 그 곳에 계속 머물러 있게 되었습니다. 그 뒤 몇 년 동안 그는 모리타니아 호나 루시타니아 호와 같은 초대형 선박을 설계하는 일에 중책을 맡아 활동했습니다.

훗날 영국 전함, 순양함, 잠수함의 기계 장치도 설계했습니다. 그는 곧 능력을 인정받아 영국 왕실로부터 작위를 수여받았습니다. 그래서 스티븐 피곳 경은 훌륭한 선박 설계사로 이내 유명해졌지요. 그는 전 테네시 주 상원의원의 아내인 에스테스 케보버의 아버지이기도 합니다.

그러나 이 모든 영예를 누리게 되었음에도 불구하고, 그는 옛날에 시골 중학교에서 만난 작은 몸집의 수수한 여선생님을 한시도 잊지 못했습니다. 그녀가 여든다섯 번째 생일을 맞이했을 때 사람들은 학생들을 지도하는 신념 같은 것이 있는지 물었지요. 그러자 그녀가 조용히 대답했습니다: "그건 다름 아닌 사랑이었어요. 내가 아이들에게 주고자 했던 것은 바로 사랑이었답니다!

아마 지금쯤이 다시 한번 앞서의 사랑에 관한 교훈을 되새겨 볼 수 있는 시간이 아닐까요? 여러분 자신이 아닌 다른 이에게 과연 무엇을 주어야 하겠습니까? 사랑, 이것은 우리가 세상에서 줄 수 있는 가장 값진 선물입니다. 헝거포드 선생님의 사랑이 여러분에게도 도전을 주었기를 바랍니다.

나는 당신이 필요해!

어느 시골 마을 의사가 한 환자에 대하여 말하고 있었습니다.

환자의 남편은 강하고 조용하며 과묵해서 자신의 감정을 곧잘 표현하지 않는 사람이었지요. 매우 마르고 연약한 그 여자 환자는 맹장이 터져 복막염이 되어서야 병원으로 왔습니다. 물론 현재의 의술로 그 병에 대한 치료가 가능한데도 불구하고 그녀는 점점 약해져 갔지요. 그래서 의사는 그녀에게 살려고 하는 의지를 북돋아 주기 위하여 이렇게 말했답니다:

"존처럼 강한 사람이 되도록 노력해 보세요."

"존은 너무 강해서 누구의 도움도 필요 없는 사람이에요."

그 날 밤 의사는 존에게 그의 아내가 회복하려는 의지가 없는 것 같다고 말했습니다.

"제 아내는 나아야 해요. 수혈을 받으면 도움이 되지 않을까요?"

존의 혈액형은 아내의 혈액형과 일치했습니다. 그래서 바로 수혈에 들어갔지요. 존은 아내 옆에 누워서 자신의 피가 아내의 정맥 속으로 흘러들어갈 때 말했습니다:

"나는 당신을 꼭 살리고 말 거야."

"왜죠?"

아내는 이렇게 물으며 눈을 감았습니다.

"왜냐고? 나는 당신이 필요해!"

존이 나지막이 대답했지요.

잠시 침묵이 흐른 뒤 아내의 맥박이 조금씩 빨라지며 아내는 눈을 떴습니다. 그리고 천천히 얼굴을 돌려 존을 바라보며 감격에 벅찬 목소리로 말했습니다:

"제가 필요하다는 말을 전에는 한 적이 없잖아요."

이 일에 대하여 이야기하던 의사는 말했습니다: "그녀를 죽음의 문턱에서 살려낸 것은 수혈이 아닙니다. 그것은 바로 그 피 속에 녹아 흐르던 사랑이었지요. 물론 그녀는 완전히 회복했습니다."

사랑의 힘이 발휘되려면 두 가지 방법이 있습니다. 그것은 바로 사랑을 주고받는 것이지요. 인생에서 가장 기억하고 싶은 소중한 시간은 누군가가 "나는 당신이 필요해요!"라고 여러분에게 속삭이는 순간일 겁니다. 이 아름다운 말을 하고 또 듣는 것이야말로 인생을 다르게 만들 수 있지요.

신앙의 세계에도 인간사와 마찬가지로 같은 개념이 있습니다. 이 말을 생각해 봅시다. 우리가 하나님을 필요로 하듯이, 하나님도 우리를 필요로 하신다는 사실을! 하나님은 항상 인간에게 깨달음을 주십니다. 하나님은 하나님께 응답하고 안하고를 선택할 능력을 인간에게 주셨지요. 이것은 어떤 면으로는 도전이며 기회입니다. 만일에 인간들이 하나님께 응답하지 않는다면 어떻게 될까요? 하나님은 타락한 인간들이 사랑을 이해할 수 있도록 독생자 예수 그리스도를 보내 주셨습니다.

최근에 "나는 당신이 필요해!"라고 말해 봤습니까? 또 하나님께 하나님이 필요하다고 기도해 본 적이 있습니까? 사랑이 제 힘을 발휘하려면 서로 주고받아야 합니다. 나부터 먼저 말합시다: "나는 당신이 필요해!"

사랑의 확인

한 육군 장교에게 정신질환이 있는 아내가 있었습니다. 정신과 의사는 그의 아내를 지방 정신병원에 입원하도록 진단을 내렸지요. 그러자 그는 엄청난 충격을 받았습니다. 그 사실을 받아들이기 어려웠지만, 어떻게 그녀를 도와야 할지 몰랐습니다. 그는 군목을 찾아가 상담을 했는데, 군목은 그에게 아내를 무릎 위에 앉히고 자신에 대한 아내의 솔직한 감정을 들어주어야 한다고 했습니다.

그는 혹시나 아내가 자기 말에 상처를 받을까봐 어렵사리 이 충고를 따르기로 했습니다. 그런데 아내와 얘기를 하는 도중 전화벨이 울렸고, 그는 '전화가 날 살렸구나!'라고 생각했습니다. 아내는 그가 돌아오지 않을 거라고 느껴져서 화가 났지요. 그러나 아내는 그가 하는 말을 엿듣고 화를 내기는커녕, 그에게 잘 보이려고 재빨리 나이트가운으로 갈아입었습니다. 정말 몇 년만에 일어난 일이었지요. 그리고 아내는 조용히 그의 무릎에 돌아가 안겼답니다.

그가 도대체 부대장에게 뭐라고 말했을까요?

그는 단지 이렇게 말했습니다: "부대장님, 다른 사람이 저 대신 오늘 야간근무를 맡으면 안 되겠습니까? 저는 지금 아내와 매우 중요한 시간을 보내고 있습니다. 심각한 일이라 지금 나갈 수가 없습니다."

그 장교는 아내가 자신에게 얼마나 소중한 존재인가를 증명하기 시작했습니다. 그 결과 아내의 정신은 안정을 되찾았고……그리고 다시는 병원에 갈 필요가 없게 되었습니다.[17]

친밀함과 배려, 이것이 부부 관계에서 그렇게도 위력적이란 말인가요? 여기, 여인의 친밀함의 정도, 곧 남성과 성공적인 관계를 맺기 위한 잠재성에 관한 짧은 이야기가 하나 있습니다. 이것은 직접적으로 아버지와 관련이 있지요. 스트립바에서 일하는 7,000명의 여성에게 설문을 조사한 결과, 그들 가운

데 대부분은 아버지가 없는 가정에서 자랐습니다. 이 연구를
맡은 크리스토퍼 P. 앤더슨은 다음과 같이 말했습니다: "대부
분의 이러한 여성들은 아마도 어린 시절에 받지 못한 아버지의
사랑을 다른 남성의 관심 속에서 찾으려 했다는 것을 인정했어
요. 또 아버지의 사랑을 받아보지 못했기 때문에, 뭇 남성들의
사랑도 결코 믿을 수 없다는 사실을 인정했지요."[18]

'친밀함'이란 가까이에서 서로를 잘 알고 보살피며, 서로 다
정하고 소중히 여기며, 우정을 느끼는 것입니다. 친밀함은 단
순히 생기는 감정이 아닙니다. 친밀함은 여성들이 더 많이 가
질 수 있는 감정이지만, 남성들 사이의 관계에서도 반드시 필
요합니다. 친밀감은 강력한 힘을 지니고 있습니다. 치료제가
될 수도 있습니다. 사람들을 하나로 묶어 주기도 합니다. 무엇
보다 친밀감은 바로 사랑을 보여 주는 것입니다.

선물

한 선교사가 아프리카에서 활동하고 있는 목사님과 동역하기
위하여 아프리카로 가게 되었습니다. 그는 미국의 태평양 연안
에서 자라났으며, 자연히 바다를 사랑하게 되었습니다. 그는
가기 전에 자신이 사역하게 될 곳이 바다와 인접했으면 하는
바람이 있었습니다. 그러나 그가 그 곳에 도착하였을 때 그 사
역지가 바다와 85마일이나 떨어져 있음을 알게 되었지요.

그는 자신에게 맡겨진 일에 최선을 다할 것이라고 다짐하였
습니다. 그의 책임 가운데 일부는 성경을 가르치는 것이었는
데, 이 일은 원주민에게 체계적인 신앙교육을 시켜 그들 나라

의 영혼들을 위하여 그들이 직접 영성 지도자가 되게 하는 데 그 목적이 있었지요.

그는 가르치는 동안에 여러 번 바다를 예로 들었습니다. 때때로 그는 자신이 그렇게도 그리워하는 바다에 대한 동경을 말하곤 하였습니다. 그러자 한 학생이 이러한 선생님의 태도를 주목하게 되었습니다.

그는 그리스도인의 삶이란 주는 것과 같다는 사실을 가르치기 시작하였습니다. 예수 그리스도께서 구유에서 태어나셨을 때, 이는 세상을 향한 하나님의 선물을 의미한다고 가르쳤지요. 그는 원주민 학생들과 크리스마스에 대하여 이야기를 나누었습니다. 그러나 그는 자신이 개념을 정확하게 잡았는지 확신할 수가 없었습니다. 어쨌든 '준다'는 의미에 대하여 그가 알고 있는 바를 최선을 다하여 설명해 주었습니다.

그리고 약 2주간의 방학이 있었습니다.

하루는 누군가가 이 선교사의 집 문을 두드렸습니다. 선교사는 문을 열었고, 그 곳에 한 학생이 얼굴에 미소를 머금고 서 있는 것을 발견하였습니다. 선교사가 학생을 자세히 들여다보자, 그 학생의 얼굴, 팔, 다리에 온통 상처가 나 있었습니다. 그의 옷은 마치 정글을 돌아다닌 것처럼 지저분했지요. 또한 그의 얼굴에서 쉽게 피곤함도 읽을 수 있었습니다.

그러나 그 학생의 손에는 조개를 담은 바구니가 있었는데, 분명 그 조개는 이 지역에서 찾아볼 수 없는 것이었습니다. 그 순간 그 학생이 자신에게 이 조개를 주기 위하여 그 먼 길을 다녀왔구나 하는 생각이 선교사의 머리를 스쳐 지나갔습니다.

그는 밝게 웃으며 말했습니다:

"이건 바다에서 온 선물입니다."

그래서 선교사는 감격하여 이렇게 대답하였지요:

"그렇지만, 너는 이것 때문에 170마일이나 걸었잖니!"

그 학생의 검은 얼굴에는 놀라움과 함께 기쁨이 넘쳐나고 있었습니다. 그리고 가슴을 활짝 펴고는 말했지요:

"오래 걸을 수 있다는 것도 일종의 선물이지요."

네 번째 동방박사

아르타반이라 하는 네 번째 동방박사에 대한 이야기입니다. 그도 별을 따라가기로 마음을 먹고 새로 태어나신 왕을 위한 선물로 값비싼 사파이어와 루비와 진주를 가지고, 친구인 야스퍼와 멜키오르와 발타사르를 만나기 위하여 약속된 장소로 낙타를 힘껏 몰았습니다.

도중에 고열로 앓고 있는 여행객을 만났는데, 시간이 없어서 도와줄 수가 없었습니다. 만일 그가 이 사람을 도와주기 위하여 여기 머문다면 친구들을 놓칠 것입니다. 그러나 그는 이 사람을 도와 그가 건강을 회복할 때까지 간호를 하였습니다. 그러나 이제 그는 혼자였습니다. 그는 낙타와 짐꾼과 사막을 안내해 줄 안내인이 필요하였습니다. 그를 도와주느라 친구들의 여행 행렬을 놓쳐 버리고 말았기 때문입니다. 또 필요한 물품을 사기 위하여 갖고 있던 사파이어도 팔아야 했습니다. 그는 왕의 탄생을 축하하기 위하여 준비한 이 보석을 팔아야 한다는 사실에 서글퍼했지요.

그가 마침내 베들레헴에 도착을 하였을 때, 요셉과 마리아와 아기 예수는 없었습니다. 베들레헴에 머무르는 동안, 헤롯왕으로부터 유대인의 사내 아기를 모두 죽이라는 명령을 받은 군인이 집에 왔습니다. 그래서 그 군인이 아르타반이 머물고 있던집의 문간에 서 있을 때, 그 집의 어머니는 아르타반의 뒤에서울고만 있었습니다. 결국 그 아기를 죽음에서 건져내기 위하여아르타반은 갖고 있던 루비를 뇌물로 주었지요. 그렇게 해서아기는 살게 되었지만 루비는 없어졌습니다. 이제 아기 예수를위해서는 단 한 가지 선물밖에 안 남게 되었지요.

수년 동안 그는 왕을 찾아 헤맸습니다. 그리고 30년 뒤, 결국 예루살렘의 십자가 처형식에서 그를 찾게 되었습니다. 그는자신이 가지고 있는 마지막 선물로 왕의 자유를 살 수 있으리라고 생각했습니다. 그런데 병사들로부터 쫓기는 한 여자아이를 보게 됩니다. 그녀가 외치길, "우리 아버지가 빚을 졌는데갚지를 못하자 저를 팔아서 빚을 갚으려고 해요. 살려 주세요!"라고 하는 것이었습니다.

아르타반은 잠시 주저하였으나, 곧 자신이 가지고 있던 진주를 병사들에게 주어 아이의 자유를 샀고 빚을 갚았습니다.

드디어 하늘은 어두워졌고, 왕은 죽었습니다.

자, 이제 생각해 봅시다. 동방박사가 그 선물이 필요한 사람들을 돌보아주었다 해서, 그 선물을 왕에게 주지 못한 걸까요?

이제 곧 있으면 크리스마스입니다. 올해 여러분이 줄 선물에대하여 생각을 해보았습니까? 보답을 받을 수 있을 만한 사람에게 선물을 하겠습니까, 아니면 진짜 참 의미의 선물을 하겠습니까? 진정 선물이 필요한 사람들에게 주는 것이 어떨까요?내가 아는 가족 가운데, 2년에 한 번씩 돈을 모아서 크리스마스 때면 어려운 가정을 도와주는 가족도 있습니다. 어떤가요?단지 생각만이라도 해봄이 어떨지…….

마지막 한 마디

캐롤의 남편은 지난해 사고로 죽었습니다. 당시 겨우 쉰두 살이었던 남편 짐은 직장에서 집으로 차를 몰아 돌아오는 중이었지요. 사고를 낸 차의 운전자는 만취 상태의 십대 아이였습니다. 짐은 사고가 나자마자 죽었고, 그 십대 아이도 응급실로 옮겨져 두 시간도 채 지나지 않아 죽었습니다.

공교롭게도 그 날은 캐롤의 쉰 번째 생일날이었고, 짐의 주머니에는 하와이행 티켓이 두 장 들어 있었습니다. 그는 아내를 깜짝 놀라게 해줄 계획이었지만, 술 취한 운전자에게 그만 죽임을 당한 것이지요.

"어떻게 그런 악몽을 극복하셨나요?"

나는 지난해 캐롤에게 물었습니다.

그녀의 눈에 눈물이 가득 고였고 나는 괜히 말을 꺼냈다는 생각을 하였지만, 그녀는 부드럽게 내 손을 잡고 말했지요:

"괜찮아요, 말해 드릴게요. 짐과 결혼한 날, 나는 그에게 아침에 집을 나갈 때는 반드시 사랑한다는 말을 해주겠다고 약속했지요. 그도 저에게 같은 약속을 했고요. 그 약속은 우리끼리의 농담과 같은 거였는데, 아기가 태어나자 그 약속을 지키기가 어렵더군요. 저는 제가 화가 날 때는 이를 악물고 '사랑해요!'라고 말하며 찻길까지 뛰어가던지, 아니면 그이의 사무실까지 차를 몰고가 그이 차에다 편지를 남기곤 했던 게 기억이 나요. 그건 일종의 재미있는 도전과 같은 것이었지요.

결혼한 뒤로, 우리는 날마다 오전까지는 '사랑해요!'라고 말하려고 애썼던 추억도 많이 있어요.

사고가 있던 날 아침에, 짐은 생일카드를 부엌에다 놓고는 차로 몰래 갔답니다. 차의 엔진 소리를 듣고 저는 생각을 했어요: '오, 서두르지 마세요!' 그런 다음 저는 차 있는 데까지 달려가서는 그가 창문을 내릴 때까지 차창을 두드렸지요.

'오늘 내 쉰 번째 생일을 맞이하여, 제임스 가렛과 나 캐롤 가렛은 공식적으로 말하고 싶어요, 사랑해요!'

그러한 추억 때문에, 저는 그이가 죽고 난 뒤 견뎌낼 수 있었던 거예요. 제가 짐에게 한 마지막 말이 바로 '사랑해요!'였다는 걸 알고 있었기 때문이죠.[19]

여러분이 누군가를 사랑하고 있다면……말하세요, 바로 지금! 사랑하는 이에게 전화를 할 수도 있고, 사무실로 찾아갈 수도 있고, 연애편지를 써도 되고, 빌보드 잡지를 빌려 오던지, 문자광고 비행선을 전세내던지, 한 다발의 장미를 사준다든지, 사탕 한 상자를 가져온다든지, 책을 사준다든지, 서로 등을 비빈다든지, 나무를 심는다든지, 제일 좋아하는 음식을 만들어 준다든지, 특별한 옷을 사준다든지, 설거지를 해준다든지, 귀에다 속삭이든지, 도시락에 편지를 끼워 넣든지, 아주 귀한 CD를 구해다 주든지…….

어떤 상상력을 동원하든, 어떤 창조력을 발휘하든, 지금 바로 사랑한다는 말을 하세요! 여러분이 누군가를 사랑하고 있다면, 그쪽이 여러분이 하고 있는 사랑의 표현을 이해할 수 있는 방법으로 그 사람에게 말하세요!

다함께 이런 기도문을 만들어 보는 건 또 어떨까요? "주님, 오늘 제가 사랑하는 사람들에게 진정 '사랑해요!'라고 큰소리로 말할 수 있도록 인도하여 주십시오! 제 가까이 있는 이들에게 그 사랑의 표현을 더 잘할 수 있도록 해주십시오. 그리고 주님, 제가 이러한 사랑을 실천할 때 저의 사랑하는 사람들도 저에게 사랑의 표현을 할 수 있도록 도와주십시오!

전례 없는 사랑

'믿거나 말거나'라는 TV 프로그램의 로버트 리플레이는 세상에서 가장 긴, 그러면서도 가장 단순한 연애편지를 쓴 사람은 낭만적인 프랑스 예술가 마르셀 드 레끄라고 발표했습니다. 1875년에 그는 막델렌 드 빌라로에게 그녀를 향한 사랑의 마음을 밝힐 이 편지를 보내는 일에 착수했지요. 그 내용은 매우 단순했지만 이 편지가 효력이 있으리라는 것은 누구나 추측할 수 있었습니다.

레끄의 편지 내용은 다름 아닌 "쥬브 에이메"(Jevous Aime), 곧 "사랑합니다!"라는 말뿐이었습니다. 사랑한다는 문장만 1,875,000번을 썼지요. 그게 전부였습니다. 1,875,000번의 "사랑합니다!" 레끄는 해마다 그 해의 연도에 1,000을 곱한 숫자만큼 사랑한다는 말을 써 보내기로 계획을 세웠습니다. 그래서 1,875,000번이라는 숫자는 1875년에 1,000을 곱해서 나온 것입니다.

레끄는 자신이 직접 편지를 쓰지 않고 편지를 대필할 비서를 고용했습니다. 사랑에 빠진 이 엄청난 연인은 사랑한다는 말에 넋이 나갔음에 틀림없습니다. 그래서 비서에게 자신이 하는 말을 일일이 받아 적게 했지요. 편지 전체를 말입니다. 그것도 오로지 '사랑한다'는 말로만.

그는 비서가 하나씩 받아적을 때마다 다시 읽도록 시켰습니다. 계산을 하자면, 이 편지가 부쳐지기 전에 '사랑한다'는 표

현은 말로든 글로든 5,625,000번이나 반복되었다는 계산이
나옵니다. 정말 기념비적인 일이 아닌가요? 이 편지를 다 썼을
때 무게가 얼마나 나갔는지 몇 쪽이나 되었는지 궁금합니다.

막델렌 드 빌라로는 편지를 받고 나서 무슨 말을 했을까요?
편지를 다 읽는 데는 얼마나 걸렸을까요? 그 두 사람은 결혼했
을까요?

사랑한다는 말을 한 번도 내뱉지 않고 사는 부부도 있습니
다.

리플레이 씨는 이 프랑스인을 특별한 사람으로 평가했습니
다. 그의 노력도 높이 평가받아야만 한다고 했습니다. 그러나
나는 다르게 생각합니다.

레끄는 사랑한다고 편지를 쓰고 고백하는 일 이외에 무슨 다
른 일을 했습니까? 사랑하고 사랑받는 일은 말로만 하는 것이
아닙니다. 수백만 번 '사랑한다'고 말하고 편지를 보내는 것이
무슨 소용인가요? 사랑은 말보다는 실천이어야 합니다. 물론
실천에 비해 말이 지닌 중요성을 축소하려는 것은 아닙니다.
그러나 말과 실천, 실천과 말, 이 두 가지는 공존해야 합니다.
사랑은 실천되어야 할 뿐만 아니라 말로 표현되어야 하는 것이
지요. 여러분은 어떤 사람에게 '사랑한다'는 말을 너무 자주 할
수는 없습니다. 그러나 '사랑한다'고 말하는 습관도 기르는 게
어떻겠습니까? 표현하지 못하는 사랑만큼 슬픈 일도 없으니까
요. 자, 무엇을 기다리십니까? 사랑하는 사람에게 당장 말합시
다:

"당신을 사랑해!

극적인 변화

래리와 조안은 그저 평범한 부부였습니다. 그들은 알뜰하게 살면서 자녀들을 위하여 올바른 행동을 하고자 노력하는 부부였지요. 그런데 대화를 할 때는 서로 비아냥거리는 습관이 있었습니다. 그들 대화의 대부분은 서로의 잘못을 꼬집는 것이었지요.

그러던 어느 날, 아주 특별한 일이 일어났습니다.

"조안, 나에겐 마술 서랍장이 있어. 서랍들을 열 때마다 양말과 속옷들로 꽉 차 있지 않겠어! 몇 년 동안 그렇게 해준 당신이 고마울 따름이야."

래리가 이렇게 말을 하자, 조안은 안경 너머로 남편을 바라보며 물었습니다:

"하고싶은 말이 뭐에요?"

그러자 래리는 태연스럽게 대답했지요:

"나는 다만 그 마술 서랍장에 대한 나의 고마움을 알려주고 싶었을 뿐이야."

그리고 조안은 며칠이 지나자 그 일에 대하여 까마득히 잊어버렸습니다.

"조안, 고마워. 이번 달에 가계부에다 정확한 수표 번호들을 많이 기록해 줬더군. 열여섯 번 가운데서 하나밖에 안 틀렸더군. 기록적인 일이야."

며칠 뒤 남편이 이런 얘기했을 때, 조안은 그 말을 믿을 수가 없어서 하던 바느질을 멈추고 남편을 쳐다보았지요.

"당신은 언제나 제가 수표 번호를 잘못 기입한 것에 대하여 뭐라 그러시는군요! 그만 좀 하실 수 없으세요?"

"왜 그래, 당신? 난 다만 당신의 노력에 내가 고마워한다는 것을 알려주고 싶었어."

조안은 그녀의 머리를 흔들고는 다시 바느질을 시작했습니다. '도대체 저 남자가 뭘 원하는 걸까?'

그녀는 남편의 행동을 별로 염두에 두려하지 않았지만, 남편의 이상한 행동은 갈수록 더해갔습니다.

"조안, 정말 훌륭한 저녁 식사군!"

어느 날 저녁, 남편이 말을 시작했습니다:

"아! 지난 15년 동안 나와 자식들을 위하여 당신은 만사천 끼의 식사를 만들어 주었어."

"조안, 집이 정말 멋지군!"

갈수록 태산이라더니 이런 말까지 하는 것이었습니다:

"조안 당신이 있어서 너무 고마워! 난 정말 당신과 지내는 것이 즐거워!"

조안은 점점 걱정이 되었습니다. '비아냥거리던 건 어디로 갔지? 트집 잡기는 또 어디로 갔고?' 조안의 궁금증은 커졌지만, 발걸음은 조금 가벼워졌지요.

그런데 이게 왠일? 이번에는 조안이 먼저 말을 꺼냈습니다:

"래리, 지금까지 당신이 회사를 다니며 우리 가족의 가장이 되어준 데 대하여 감사드리고 싶어요. 나는 당신에게 내가 얼마나 감사하고 있는지, 한 번도 말로 표현해 보지 않았던 것 같아요."

래리는 자신의 태도를 완전히 뒤바꾼 이유를 한 번도 밝히지 않았지만, 나는 그이와 같이 사는 것에 대하여 감사하고 있답니다.

제가 바로 조안입니다.

모든 것을 품에 안는 사랑

　미군이 제2차 세계대전 가운데, 이탈리아와 지중해 남쪽에서 독일로 진군하고 있었을 때 일어난 일입니다. 전쟁에 참여하려고 그 곳으로 가는 사이, 곳곳에서 소규모 접전들이 있었습니다. 물론 그 가운데 패튼이 지휘하고 있던 부대가 들어오기를 원치 않는 고립 지대도 있었지요. 그러나 작은 분대들은 수많은 마을을 재정복하고 진압하기 위하여 파견되었습니다.

　이 분대 가운데 하나가 '프랑스의 언덕'이라는 지역 조금 떨어진 곳에서 작은 접전을 벌이게 되었지요. 그러나 미군은 적의 총탄에 꼼짝을 못했습니다. 그리고 그 가운데 한 명의 사망자가 생겨났습니다. 그는 부대원들 사이에서 인기있는 사람이었지요. 그리고 그에게는 두 명의 절친한 친구들이 있었는데, 이들 세 명은 떨어질 수 없는 가까운 친구였습니다.

　그 친구들은 그를 위하여 멋진 무덤을 만들어 주고 싶었습니다. 그러나 애석하게도 그들은 주 부대로부터 상당히 멀리 떨어져 있었기 때문에, 시체를 옮길 방법이 없었지요. 그래서 부사관과 애기를 나눈 뒤, 가능하면 가까운 마을에 묻어 주기로 결정하였습니다. 그 곳은 로마 가톨릭 묘지였는데, 그 마을 안에서는 유일한 것이었지요. 그러나 문제는 그 미군이 개신교 신자였다는 것입니다.

　두 친구는 이 묘지를 관장하는 신부를 찾아가 친구를 묻을 수 있게 해달라고 허락을 구했습니다. 그러나 신부는 죽은 병사가 가톨릭 신자가 아니라는 이유로 거절했지요. 실망한 그들의 모습을 본 신부는 잠시 기다리라고 했습니다. 잠시 고심 끝에 신부는 그 친구를 묘지 옆 울타리 밖에 묻을 수는 있다고 설명했지요. 그래서 다행히 간단한 장례 절차가 진행되었고, 신부의 몇 마디 말이 있은 뒤 그들은 분대로 돌아갔습니다.

나중에 휴가를 얻은 두 친구는 마을로 가서 친구의 무덤을 방문하였습니다. 그러나 그들은 무덤을 찾을 수가 없어서, 신부에게 가서 자초지종을 물어 보았지요. 그러자 그는 장례예식이 있던 날 밤, 잠을 이룰 수가 없어서, 밖에 나가 그 죽은 병사의 무덤도 포함될 수 있도록 울타리를 개조했다는 것입니다.

하나님은 예수 그리스도 안에서 그럴 만한 가치가 없는 이까지도 포함하기 위하여 울타리를 옮기십니다. 우리도 이처럼 울타리를 옮길 수 있지 않을까요?

친절로 맺은 열매

폭풍우가 몰아치는 날 밤, 필라델피아의 한 작은 호텔에 나이가 지긋하게 들어보이는 부부가 들어왔습니다. 이미 다른 호텔들이 만원이어서 이 호텔로 왔다고 말하며, 프론트 데스크에서 방이 있는가 물었지요. 그러나 호텔 직원은 지금 이 도시에는 여러 개의 큰 회의가 열리고 있어 호텔마다 다 만원이며, 또한 자기네도 예외는 아니라고 설명했습니다. 하지만 그 직원은 이렇게 덧붙였지요: "오늘같이 날씨가 험한 날 손님들을 밖으로 내몰고 싶지는 않군요. 괜찮으시다면 제가 쓰는 방을 비워드리겠습니다. 주무시고 가시지요."

그 부부는 직원의 말에 일단 나가려던 길을 멈추었지만, 그 직원의 잘 곳을 뺏는다는 생각에 어찌 대답해야 할지 몰랐습니다. 하지만 계속된 그 직원의 권유에, 그 부부는 그 날 밤을 그 호텔에서 묵었지요.

 다음 날 아침, 그 부부가 체크아웃을 할 때 노신사가 말했습니다: "자네 친절에 감사하네. 앞으로 이 나라 제일의 호텔 사장이 될 자격이 있어. 내 자네를 위하여 언젠가 호텔 하나를 지어줌세." 이 말에 호텔 프론트 데스크에 있던 사람들은 잔잔한 미소를 띠었고, 이런 가벼운 농담에 기분이 좋아진 그 직원은 손님들의 가방을 현관문 밖에 대기하고 있던 차에까지 날라다 실어 주었습니다.

 2년이 지난 뒤, 그 밤의 일을 까맣게 잊고 있던 그 직원에게 한 통의 편지가 날아왔습니다. 거기에는 그 날 밤의 일과 그 때 베풀어 준 친절에 감사하는 내용이 적혀 있었지요. 그리고 자기를 한번 방문해 달라는 당부와 함께, 뉴욕 시까지 가는 왕복 비행기표가 들어 있었습니다.

 비행기를 타고 뉴욕으로 간 그 직원은 그 때의 노부부를 만났습니다. 그러자 노신사는 그 직원을 차에 태워, 뉴욕 시 5번가 34번지로 데리고 가서, 새로 지은 아름다운 건물을 가리켰습니다. 수많은 테라스와 전망대를 가진 그 건물은 마치 붉은 돌로 지은 성 같았습니다.

 "이 건물은 내가 자네에게 관리를 맡기려고 지은 건물일세." 노신사가 말했습니다.

 "농담이시겠죠." 노신사의 말을 전혀 믿을 수 없었던 그 직원이 웃으며 말했습니다. 미소를 띤 노신사는 말했습니다: "농담이 아니네."

 "누구시기에 이런 일을 하시죠?" 그 직원이 물었습니다.

 그러자 노신사는 자신의 이름이 윌리암 월도르프 아스토르라고 말했습니다. 그리고 그 호텔이 바로 뉴욕의 월도르프 아스

토리아 호텔이었지요. 이렇게 해서 조지 볼트라는 호텔 직원은
이 역사적인 호텔의 첫 지배인이 되었답니다.

사랑꾼

어떤 사람은 '천부적인' 사랑꾼으로 태어납니다. 그들은 주변
사람들에게 사랑을 느끼게 할 수 있는 방법을 알고 있지요. 특
히 그리스도의 사랑을! 그 원리는 가족뿐만 아니라 교회나 그
밖에 사람들이 만나는 곳이면 어디서든 적용됩니다.

* 사랑꾼은 많이 웃지요. 인정이 많고 또한 다른 사람들을
그렇게 만드는 무언가가 그들에게서 흘러나옵니다. 그것은 따
뜻하고 부드럽고 친절하며 사람의 마음을 끌어당깁니다.

* 사랑꾼은 여러분을 정말 특별한 사람으로 대합니다. 사랑
꾼의 온정과 환대는 곧 순수한 우정으로 바뀌지요. 그들은 여
러분을 멋진 사람이라고 생각하고 서슴없이 그렇게 말한답니
다.

* 사랑꾼의 얼굴은 여러분이 볼 때마다 빛나고 있습니다. 그
들과 함께 포옹하고 악수하고 대화를 하다보면, 그들이 여러분
을 마음 속 깊이 받아들이고 있다는 느낌을 받지요. 그들은 대
화하는 자리나 모임이나 집으로 여러분을 지체없이 초대합니
다. 본능적으로 그들의 마음 속에 여러분이 중요한 자리를 차
지하고 있다는 걸 알 수 있지요.

* 사랑꾼은 주 예수님을 알고 주님 안에서 사는 것을 아주
매력적으로 보이게 만든답니다. 예수님께 다가가는 것이 그들
에게 다가가는 것과 비슷하다면, 그것은 경이로운 일이라고 할

수밖에 없지요.

 * 사랑꾼은 바로 하나님을 알고 있지요. 그들이 사랑의 근원이신 하나님께로 자주 그리고 정기적으로 다가간다는 걸 알아차릴 겁니다. 넘쳐나는 그들의 삶은 성령의 열매가 사랑이라는 걸 보여줍니다.

 * 사랑꾼은 마음에서 우러난 찬사를 보내는 관대한 사람들입니다. 여러분이 가진 힘을 재빨리 알아차리고, 또한 여러분의 약함에는 부드러운 사람들입니다.

 * 사랑꾼도 물론 결점을 가지고 있지요. 가끔은 그들의 약한 모습이 그 누구보다도 우리를 더 아프게 합니다.

 * 사랑꾼은 때로 우리의 커 가는 기대의 희생양이 되기도 합니다. 우리와 다른 많은 사람들이 그들을 가까운 친구로 대하고 싶어하지요. 물론 진실한 우정에 대하여 그토록 많은 사람들의 요구를 들어줄 수 있는 사람은 없습니다. 우리는 사랑꾼에게 지나칠 정도로 많은 것을 기대하곤 하지요.

 * 사랑꾼도 사랑을 받아야 합니다. 결혼, 생일, 기념일뿐만 아니라 장례예식마저도 중요한 그 무엇을 말해 줍니다.

 * 사랑꾼에게는 축복과 위로를 해주는 많은 사람이 있습니다. 그들은 그럴 만합니다. 그들은 오랫동안 많은 사람들을 축복해 왔으므로, 작으나마 감사와 존경으로 보답하는 것이 마땅하지요.

 * 사랑꾼은 자신이 알고 있는 모든 이에게 믿을 수 없을 만큼 선량합니다. 그러므로 신약에서 가장 자주 반복되는 계율이 '서로 사랑하라!'인 것은 당연하답니다. 사랑꾼은 만들어지는 것도 아니고 타고나는 것도 아닙니다. 사랑꾼이 되는 것은 바로 평생을 바쳐 이웃을 사랑하려는 결심과 마음가짐, 그리고 실천

의 문제이지요.[20]

돈이 들지 않는 크리스마스 선물

혹시 이 계절에 특별한 사람들에게 어떤 선물을 주어야 할지 몰라서 고민하고 있지는 않은가요? 특히 뭔가 특별하고 필요하며 의미있는 선물을 주고 싶은데 좋은 생각이 잘 떠오르지 않을 때는 그야말로 커다란 고민거리가 아닐 수 없습니다. 여기 선물 목록을 몇 가지 적어 두었습니다. 실은 이 선물들은 사러 갈 필요도 없지요.

(1) 경청: 왜 이런 선물을 혼자서 외롭게 살아가는 이들에게 주지 않는 거지요? 여러분은 진짜로 꼭 들어주어야 합니다! 중간에 말을 잘라서도 안 되고, 딴 생각을 해서도 안 되고, 대답을 준비할 필요도 없어요. 그냥 앉아서 들어주기만 하세요!

(2) 애정 표현: 포옹할 때, 키스할 때, 그리고 손만 살짝 잡아줄 때도 넓은 아량을 가지세요. 이런 작은 행동으로 여러분 마음 속에 있는 사랑을 표현하세요.

(3) 메모: 간단히 '사랑해요!'라고만 써도 되고, 독특하게 시한 구절을 써도 좋아요. 그런 다음, 이 메모를 깜짝 놀랄 만한 곳에 두세요.

(4) 웃음: 만화를 잘라 두거나 잡지 기사를 오려 두었다가 줘 보세요. 여러분이 준 선물은 이런 의미를 줄 거예요: "난 당신과 함께 웃고 싶소!"

(5) 찬사: 그냥 간단히 이렇게 얘기해 보세요: "파란 옷을 입으니까 멋있는데!" 또는 "머리 스타일이 마음에 들어!" 또는 "자

기야, 저녁 맛있었어!" 이런 말은 자신이 별다를 거 없다고 생각하는 사람에게는 아주 가치있는 선물이 될 거예요.

(6) 호의: 설거지를 도와주고, 지하실을 청소해 주고, 잔디를 정리해 주고, 삽질을 해서 길을 만들어 주고, 차고를 청소해 주고, 전등을 고쳐 주는 등.

(7) 혼자 있게 놔두기: 살다보면 가끔은 혼자만 있고 싶어할 때가 있거든요. 이러한 시기에는 좀더 예민하게 살펴보고 방해하지 말고 혼자 놔두어야 해요.

(8) 유쾌함: 사랑하는 사람들에게 유쾌함을 주려고 노력하세요. 그에게는 그 날 하루 짊어진 짐이면 충분해요. 또다시 어깨에 짐을 지우지는 마세요.

(9) 게임: 사랑하는 사람이 가장 좋아하는 게임을 하세요. 비록 여러분이 진다고 해도, 결국은 여러분이 승리자가 될 테니까요.

(10) 기도: 기도수첩에 있는 사람들을 위하여 기도하세요. 그리고 여러분이 그들을 위하여 기도를 하였다고 전해 주세요. 이 말은 '당신이 나에게 너무나도 소중하기 때문에 하나님께 당신 이야기를 했다'는 사실을 알려주는 거지요.[21]

여기 쉽게 돈을 들이지 않고도 줄 수 있는 열 가지 가치있는 선물이 있습니다. 이 목록에 나오는 선물은 아무리 써도 줄어들지 않지요. 물론 여기에 더 많은 선물들을 추가할 수도 있습니다. 사실 이 목록은 일년 내내 지니고 다니는 것이 좋답니다. 우리 모두는 날마다 무언가를 주고 있습니다. 그렇다면 뭔가 색다른 걸 생각해 보는 게 좋지 않을까요?

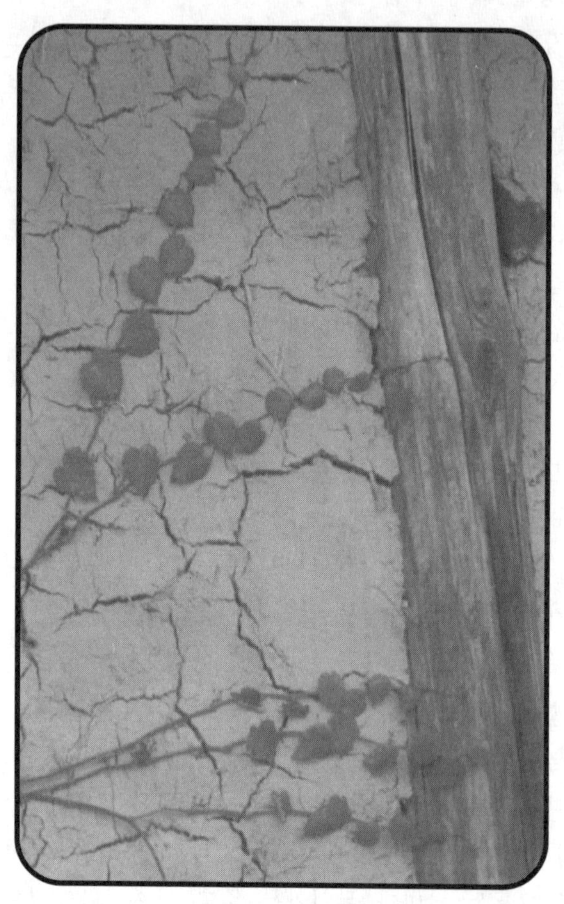

여러분은 내일 일을 알지 못합니다. 여러분의
생명이 무엇입니까? 여러분은 잠깐 나타났다가
사라져 버리는 안개에 지나지 않습니다(야고보
서 4:14)

3

오든 문제는
결국 삶의 의미 문제다

God is Our Meaning of Life

모든 문제는 결국 삶의 의미 문제다

놀라운 구입

거부였던 영국인 바론 피츠게랄드는 자식이라곤 아들 하나밖에 없었습니다. 그래서 이 아이는 그에게 금지옥엽이었고, 애정의 중심이었습니다. 오손도손 그 작은 가족의 사랑을 한 몸에 받았죠.

아이는 자랐지만, 엄마는 아이가 열 살이 좀 넘었을 때 세상을 떠나고 말았습니다. 피츠게랄드는 아내를 잃은 상심이 무척이나 컸습니다. 그래서 더욱 자신의 아들에게 정성을 쏟아 부었습니다. 그러나 애석하게 아이도 계속 앓다가 스무 살이 되기 전에 죽고 말았습니다. 얼마 뒤, 피츠게랄드의 재산은 크게 불어났습니다. 그래서 결국 그는 거장들의 예술 작품을 수집하는 데 많은 돈을 썼습니다.

세월이 더 흘러 피츠게랄드 자신도 병으로 죽었습니다. 죽기 전에 그는 유언에 재산을 어떻게 처분할 것인가를 분명하게 밝혀 두었습니다. 피츠게랄드는 자신의 모든 소장품을 경매에 부

치라고 지시했지요. 이 수백만 파운드에 달하는 소장품들은 양
적으로나 질적으로나 모두 대단한 것들이었으므로, 예상대로
사려는 사람들이 구름처럼 모여들었습니다. 그 가운데는 박물
관장도 있었고 개인 수집가들도 있었습니다.

예술품들은 경매가 시작되기 전에 관람할 수 있도록 전시되
었습니다. 그런데 그 중에 별로 눈에 띠지 않는 그림 한 점이
있었습니다. 그것은 지방의 무명 화가가 그린 보잘 것 없는 그
림이었지요. 공교롭게도 그건 피츠게랄드 외아들의 초상화였습
니다.

경매를 시작할 시간이 되자, 변호사는 먼저 〈내 사랑하는 아
들〉이라는 제목의 그림을 맨 처음으로 경매하라고 한 피츠게랄
드의 유언장을 읽었습니다.

아무도 그 보잘 것 없는 그림에 입찰하려고 하지 않았습니
다……. 그러나 드디어 입찰자가 나타났습니다. 그 유일한 희
망자는 바로 그 아들을 이해하고 사랑하고 돌보았던 늙은 하인
이었는데, 이런 감상적인 이유 때문에 유일한 입찰자가 되었습
니다. 그래서 결국 일 파운드도 안 되는 값에 그 그림을 샀습
니다.

그러나 갑자기 경매인은 입찰을 중단하고 변호사에게 유언장
을 한번 더 읽어 달라고 했습니다. 예사롭지 않은 분위기에 군
중들은 모두 조용해졌구요. 드디어 변호사가 유언장을 읽어 나
갔습니다.

"누구건 내 아들의 그림을 사는 이가
모든 소장품을 가질 것!"

경매는 끝났습니다!

누구든지 그 아들을 얻는 이는 모든 것을 얻습니다! 누구든지 하나님의 독생자 예수 그리스도를 얻는 이는 모든 것을 얻습니다! 이것은 참으로 간결한 명제이지만 참으로 중요합니다. 여러분이 하나님의 아들을 여러분 삶의 일부로 받아들이지 않는다면, 여러분은 진정 아무 것도 가지지 못할 것입니다! 여러분이 그 아들을 가진다면 하나님이 준비하신 모든 것을 가질 것입니다! 땅에서도 하늘에서도! 누구든지 그 아들을 얻는 이는 모든 것을 얻습니다!

귀향

남북 전쟁 당시 북군이었던 퇴역 장교 한 사람이, 그 지독하고 슬펐던 전쟁의 세월이 끝난 뒤 어떻게 집으로 돌아갔는지를 이야기했습니다. 그 당시 미시시피 출신의 젊은 군인들과 함께 그는 집으로 출발했지요. 그들은 말도 없었고, 옷도 거의 없었으며, 신발도 없었습니다. 발에는 피가 나고 있었고, 동상에 걸린 채 굵은 삼베로 만든 배낭을 메고 갔습니다. 처참한 남부의 땅을 지나 그들은 무거운 발을 이끌며 터벅터벅 길을 걸어갔지요. 마침내 고향이 몇 마일 남지 않은 곳에 다달았을 때는 발이 끊어질 듯 아팠고 모두들 지치고 피곤했습니다.

수척한 병사들은 그 날은 거기서 자고 나머지 길은 아침에 떠나기를 바랬지요. 그러나 빌이 말했습니다: "여긴 내 고향이야! 몇 마일만 더 가면 집에서 아침을 먹을 수 있을 거야!"

다른 사람들이 말하기를, "우리는 너무 지쳤어, 자고 가자!"

라고 애원했습니다.

그러나 빌이 말했습니다: "싫어, 나는 집으로 가서 아침을 먹을 거야!"

그는 무리를 떠나서 아픈 발을 끌며 밤새 걸었습니다. 그리고 먼동이 텄을 때는 집으로 가는 마지막 언덕에 서 있었지요. 그는 굴뚝에서 나는 연기를 보았습니다. 바로 그의 어머니가 아침을 짓고 있는 것이었지요.

그는 피곤함도 잊었습니다. 피가 흐르는 아픈 발의 통증도 잊었습니다. 그는 걸음을 재촉하여 달리기 시작했습니다. 드디어 언덕 아래에 내려와 집으로 향한 시골길에 닿았지요. 울타리에 앉아 있던 남동생 짐은 시골길을 터벅터벅 걸어 오고 있는 그를 보았습니다. 짐은 집안에 있는 사람들에게 소리쳤습니다:

"저쪽에 빌리 형이 와요! 저쪽에 빌리 형이 와요!"

아빠, 엄마와 함께 모든 가족들이 나왔지요! 하인들을 비롯하여 모두들 달려왔습니다. 백인들도 흑인들도 긴 시골길을 힘차게 달려갔지요. 그들은 그 누더기 병사를 얼싸안으며 집으로 데려갔습니다. 그리고는 누더기를 벗겼습니다. 가족들은 빌을 목욕시킨 뒤 새 옷을 입혀주었습니다. 그리고 모두 함께 이야기하고 웃고 하나님께 감사하며 빌리의 귀향을 축하했습니다!

귀향은 인간사의 여정과 인간 관계에서 특별한 자리를 차지합니다. 여러분이 한동안 집에서 떠나 있은 적이 있었다면 귀향의 정에 비길 것은 아무 것도 없다는 것을 잘 아실 것입니다. 천국에로의 귀향을 생각해 본 적이 있습니까? 가까운 미래에 모든 시대의 성도들이 천국의 집으로 가기 위하여 모이는 장대한 귀향 행렬이 있을 겁니다. 거기에 일원이 되려면 우리

저마다가 늘 준비해야 합니다. 예기치 못한 사건이 그렇게 올 것이라고 약속되어 있지요. 그것은 갑작스러운 노크 소리와도 같습니다. 그것은 언제라도 올 수 있습니다! 여러분은 준비되었습니까? 그리고 살펴보고 있습니까?

편히 쉴 집

존 스미스는 성실하고 부지런한 목수였습니다. 그는 여러 해 동안 줄곧 성공한 사장 밑에서 일을 했지요. 존은 어떤 고용주라도 기꺼이 쓰고 싶어할 만한 사람이었습니다.

어느 날, 사장이 존을 사무실로 불러서는 "존, 다음번 건축은 자네에게 일임하려고 하네. 그러니 자재 주문에서부터 전체 공정의 감독까지 모두 자네가 맡았으면 하네."라고 했습니다.

그래서 존은 매우 열정을 가지고 그 일을 받아들였지요. 그런데 여기에서 그만 큰 실수를 저지르고 말았습니다! 10년 동안 그는 청사진을 연구해 왔습니다. 그는 모든 측량과 마름질 그리고 모든 규격들을 검토했지요. 그래서 이번 일을 맡고 갑자기 엉뚱한 생각을 하게 되었습니다. '어차피 내가 책임을 맡고 있는데, 좀 더 싼 자재를 써서 남는 돈을 내가 챙겨도 되지 않을까? 누가 알겠어? 집을 지어 놓고 색칠까지 하고 나면 다 훌륭해 보일 텐데 뭐.'

그래서 그는 조심스레 계략을 써 나갔습니다. 중급 자재를 주문해 놓고, 보고서들에는 최상급 자재인 것으로 기재하였지요. 또 저렴한 콘크리트를 주문하여 토대를 세우고, 아주 급료가 낮은 하청업자들을 고용하여 일을 하게 했습니다. 그러면서도 견적가보다 높게 보고를 했지요. 그는 눈에 띠지 않는 곳에는 제일 싸구려로 배선을 했습니다. 그래서 축조뿐만 아니라 자재에 대해서도 최상의 자재들을 구입했다고 보고하여 부당한 이익을 챙겼지요. 곧 집이 지어지고 조경 작업과 페인트 작업도 끝이 나자, 사장에게 와서 완성품을 보라고 했습니다.

그 사장은 집을 둘러보고 부엌을 잠깐 둘러본 뒤 그의 충실한 일꾼인 존 스미스에게 말했습니다: "존, 아주 훌륭하게 일을 마쳤군! 자네는 여태껏 아주 훌륭하고 충실히 일해 주었으니까, 이제 내가 자네와 자네 가족에게 고마움의 표시를 해야겠네. 자, 내 선물일세. 이 집을 자네가 가지게나!"

인생에 쉬운 지름길은 없습니다! 특히 여러분의 삶에 진실이라는 기초를 다지는 문제에서는 더욱 그렇지요. 기초를 튼튼히 그리고 가장 좋은 자재로 세운다면, 그 위에 세워진 건축물도 세월이 주는 시험에 능히 견뎌낼 것입니다. 그러나 비용을 줄이고 싸구려 자재를 사용하고 손쉬운 방법만을 찾으려 한다면, 그것은 결국 재앙을 초래할 것입니다. 결국, 인생이란 우리에게 주어진 책임을 다해야만 하는 거니까요.

'나사렛의 목수'를 믿는 우리는, 순종하며 살아야 합니다. 이러한 인생이 잘 지어진 인생입니다.

인생의 목표

목표를 성취해 냈을 때의 감격을 경험해 본 적이 있습니까? 그런 감격의 드라마는 스포츠 세계에서 흔히 등장하지요. 여덟 살짜리 한 소년이 엄마와 그가 만나는 모든 사람들에게 이렇게

말했답니다: "나는 이 세상에서 제일 위대한 야구 포수가 될 거예요."

사람들은 그 아이를 비웃으며 말했습니다: "웃기지 말고 꿈 깨라, 이 꼬마야."

그의 엄마도 조용히 그에게 말했지요.: "너는 이제 겨우 여덟 살이야. 이루지 못할 꿈을 꿀 때가 아니지." 하지만 그 소년은 자신의 꿈을 꺾는 소리들을 들으려 하지 않았습니다.

소년이 고등학교 졸업식에서 졸업장을 받으러 나아갈 때 교장 선생님이 그를 세우고 물었습니다: "자니, 네가 원하는 것이 무엇인지 이 사람들한테 말해 보렴."

그러자 그는 미소를 살짝 머금은 채 어깨를 쫙 피며 말했습니다: "저는 세상에서 제일 위대한 포수가 될 겁니다." 이윽고 사람들이 낄낄 웃는 소리가 들렸지요.

이로부터 역사의 한 페이지가 만들어졌습니다. 전 뉴욕 양키 팀 매니저 캐세이 스텐젤에게 이 젊은이에 대하여 물어볼 기회가 있었습니다. 캐세이는 다음과 같이 표현했습니다: "자니 벤치는 야구가 생긴 이래 가장 위대한 포수입니다!"

이 이야기가 왜 감동적인가요? 이미 여덟 살 때 자니 벤치는 인생의 목표를 세웠습니다. 그는 야구 선수 시절에 최고의 선수로 상을 두 번이나 받았지요. 처음에는 단지 꿈이었지만, 꿈을 결국 현실로 이루어 낸 것입니다.

사람들에게 꿈이 뭐냐고 묻는다면 확실히 대답할 수 있는 사람은 통계상으로 5%도 되지 않습니다. 나머지는 삶의 조류에 방향없이 흔들리고 있을 뿐이지요.

여러분은 인생의 방향을 어디로 잡고 있습니까? 인생의 목표를 정하는 것이 여러분의 인생에서 가장 중요한 일일 것입니다. 모든 일을 성취하는 출발점은 바로 목표를 세우는 것입니다! 사도 바울이 "나는……푯대를 향하여……좇아가노라."라고 말했을 때, 이미 그는 목표를 세우는 것의 중요함을 알았던 것입니다.

목표가 확실한 사람은 어려운 고난을 만나도 헤쳐나가며 불가능해 보이는 상황에서도 목표를 이루어 냅니다.

위대한 업적을 쌓은 사람은 그리 많지 않지요. 여러분은 인생의 목표를 이루고 인생을 변화시키고 인류에게 유익한 일을 하는 사람인가요? 무엇 때문에 주저하십니까? 나아가십시오, 푯대를 향하여!

잃어버린 크리스마스

조지 메이슨의 삶에서 그 중심은 언제나 일이었습니다. 그는 독신이었고, 이번 크리스마스에도 역시 모든 초대를 거절하였지요. 심지어 동생 집에 초대받은 것조차 거절하였습니다. 크리스마스 이브에 모든 직원들이 회사를 떠나고 난 뒤, 그는 약간의 현금을 가지러 회사 금고에 들어갔습니다. 그런데 커다란 금고 문이 소리도 없이 닫히고 말았습니다.

그는 필사적으로 문을 두들겼습니다. 하지만 아무도 그 소리를 들을 수 없었지요. 모든 직원들이 이미 퇴근했고, 심지어 청소부 아주머니도 회사를 떠나고 없었으니까요. 그래서 그는 이 안에서 밤을 지샐 수 있다고 자신하며 마음을 달랬습니다. 그러나 언뜻 어떤 생각이 들었습니다. 아차, 내일이 크리스마스 휴일이잖아! 그러자 그의 가슴은 두려움으로 떨리기 시작하였고, 이 금고 안에 충분히 숨을 쉴 공기가 있나 하는 걱정이 들기 시작하였습니다. 그는 이 금고에 환풍기 같은 게 있다는 소리를 도무지 들어보지 못하였습니다. 그래서 어둠 속에서 이리저리 헤매다, 마침내 벽이 바닥과 닿은 부분에 조그마한 구멍이 하나 있다는 걸 알아냈지요. 그 구멍으로 바람이 불어 들어오고 있었습니다.

크리스마스 이브와 크리스마스가 차례로 지나갔습니다. 그는 자신이 생각한 대로 그 안에서 혼자서 연휴를 보냈지요. 그러나 자리가 불편하였고, 배도 고팠으며, 갈증도 심했습니다. 금고 안의 어둠이 너무 짙어서, 마치 어둠이 그의 얼굴을 쓰다듬고 있는 것처럼 느꼈지요. 그는 잠을 청하려고 노력했습니다. 아니, 온갖 수단을 다해 시간을 보내려고 하였습니다. 친구와 가족들 생각이 났지요. 그들은 어떻게 크리스마스를 보내고 있을까? 그들이 날 보고싶어 할까?

크리스마스 다음 날, 지점장이 와서 금고의 자물쇠를 열었습니다. 그러나 문을 열지는 않았습니다. 그를 보는 사람이 아무도 없을 때, 그는 비틀거리며 금고에서 나와 택시를 타고 자신의 아파트에 가서 잠시 쉬었지요. 그리고 나서 다시 회사로 돌아왔을 때, 그가 금고에 갇혔었다는 사실을 아는 사람은 없었습니다.

사실, 그는 크리스마스를 잃어버리고 있었습니다. 그러나 그런 고독한 경험이 있은 뒤, 그는 나중에 작은 카드에 다음과 같은 말을 썼습니다:

"사람들을 사랑한다는 것, 서로에게 없어서는 안 될 존재가 된다는 것, 그것이 바로 인생의 목적이다! 그것이 바로 행복의 비밀이다!"

그리고는 그 카드를 금고 위 높은 곳에 테이프로 붙여놓고 항상 잃어 버렸던 것을 생각나게 해두었습니다.[22]

제 생각에, 정말로 우리가 크리스마스를 놓쳐 버리는 경우가 수도 없이 많은 듯합니다. 우리가 이 크리스마스 시즌이 주는 감회를 잊지 않기 위해서는 수많은 노력이 필요합니다. 우리 가운데 한 사람인 나 역시도 다가올 크리스마스 시즌에 기억하고 싶고, 또한 기억되고 싶습니다. 우리 모두 이번 크리스마스를 잃지 않기로 다짐합시다.

일 중독

"보아라, 저들이 어떻게 달리는지를! 보아라, 저들이 어떻게 상대방을 쫓아가는지를, 그들은 모두 서로서로를 쫓아가고 있구나……." 일, 업무, 약속, 요구, 마감시간, 계획, 프로그램, 그리고 사람들……. 그러기에 우리는 계속 달려야 합니다. 달려, 달려!

따뜻한 커피를 앞에 두고 한번쯤 짬을 내어 조용히 앉아 좀 쉬는 건 어떨까요? 여러분의 발걸음을 생각해 보십시오. 혹시 일벌레처럼 매일같이 경주를 하고 있는 건 아닌가요? 어떻게 이런 덫에 걸린 거지요? 그리고 여러분은 과연 잘 해내고 있습니까?

제임스 설리반은 여러분이 어떻게 느끼고 있는지 정확히 알고 있습니다. 그는 과거 1960년대쯤에 오클라호마 시를 발칵 뒤집었던 적이 있습니다. 그는 세계 최대의 '청소년 라이프 클럽'을 만들었는데, 이 클럽은 젊은이들을 위한 그리스도교 단체였습니다. 그는 이 사업을 하는 동안 가족과 자신의 건강을 희생하였습니다. 그와 같이 사는 건 말할 것도 없고, 그와 잘 지낸다는 것도 상당히 어려웠습니다.

아내와 가족은 지쳤고, 모든 것이 충만한 듯하던 그의 삶이 사실은 도피술에 불과했습니다. 그는 〈왕자가 될 수 없었던 개구리〉라는 책을 저술하였습니다. 그 가운데 한 구절을 보면, "나는 껍질 속에 존재하는 인간입니다. 죄책감, 후회, 그리고 내 안에 맴도는 미움 등과 같이, 결국 내가 갖게 된 느낌은 거의 극복하기 어려울 정도가 돼버렸습니다."

제임스 설리반은 주 예수 그리스도와 그의 나라를 위하여 일을 하는 것이 아닌가요? 그래요, 그 말은 맞는 이야기이지요. 그러나 그는 일로 삶을 대신해 버렸습니다.

추수감사절 청년 모임에서 연설을 하기 위하여 마치 경주라도 하는 듯 문밖을 나가고 있을 때, 그의 아내 캐롤린은 "당신은 9월 중순부터 오늘까지 단 하루도 집에 있지 않았다는 걸 아세요? 아니면 집안 걱정이나 해보셨어요?"라고 물어보았습니다. 그런 일이 있은 뒤 얼마 되지 않아서, 그의 아내는 정신과 치료를 요하게 되었고, 그도 자살을 생각하게 되었지요.

이게 남의 이야기가 아닌 것 같다구요? "밤마다 모든 이들을 위하여 뭔가를 하고 있습니다!"라고 자랑을 해대는 교회가 많이 있습니다. 참으로 창피스러운 일이 아닐 수 없지요. 교회 선전을 하고 돌아다니는 것보다도 더 창피스러운 일입니다.

하나님의 말씀에는 조용하고 평화로운 내면 세계를 가꾸라고 되어 있습니다. 하지만 우리 인간은 하나님께 일과 소음으로 가득하고 갈수록 바빠지는 삶을 보여드리고 있지요! 우리가 그렇게 바삐 뛰어 다니는 이유가 공허한 삶 속에서 얻어지는 고통을 없애 버리려는 데 있는 건 아닙니까?

이러한 활동에 변화를 주기 위해서는 너무 바삐 살고 있다는 사실을 스스로 인정하는 것으로 시작해야 한다고 제안하고 싶습니다. 그리고 "아니오!"라는 짧은 한 마디를 말하는 기술을 배우십시오. 그리고 그 의미를 알도록 하십시오. 이건 약간의 연습이 필요할 것입니다. 자, 망설이지 말고 지금 우리 모두 한번 말해 봅시다: "아니오!"

그리고 이렇게 "아니오!"라고 말하는 걸 절대로 그만 두지 마십시오. 우리 주변에는 할 수만 있다면 얼마든지 그만 둘 수도 있는 일에 중독되어 사는 사람들이 수없이 많이 있습니다. 여러분의 아내, 여러분의 아이들, 그리고 하나님과의 관계를 위하여 너무 늦기 전에 진짜 가장 소중한 것을 선택하십시오.

소유한다는 것

보스턴 동쪽에 위치한 어느 거리의 누추한 아파트에 한 남자가 살고 있었습니다. 재단사인 그는 매일같이 열심히 일은 하지만 날마다 입에 풀칠하기도 어려웠습니다. 그러나 그는 한 가지 사치를 부렸는데, 그건 아일랜드 스위프 복권을 해마다 한 장씩 사는 것입니다. 그리고 해마다 이 한 장의 복권으로 큰 재산을 얻게 해달라고 열정적으로 기도하곤 했지요.

14년 동안, 그의 삶은 온통 가난으로 가득했습니다. 그러던 어느 날, 그는 노크 소리를 들었습니다. 정장을 한 두 남자가 그의 가게에 들어와 그가 복권으로 큰 돈을 얻게 되었다고 알려준 것입니다. 상금은 자그마치 오십만 달러나 되었습니다.

그는 자신의 귀를 의심했습니다. 그는 부자가 된 거지요. 그는 더 이상 바지 밑단을 만들고, 드레스의 옷단을 내고, 소매를 줄이는 일을 하며 죽도록 노동을 할 필요가 없어졌습니다. 이제 그는 진짜 삶을 시작할 수 있게 된 것입니다.

곧바로 그는 가게문을 닫고, 찰스 강에 가게 열쇠를 던져 버렸습니다. 그리고는 왕들이나 입는 예복과 신형 롤스로이스를 타고, 최고급 리츠호텔의 스위트룸을 얻었습니다. 또한 금방 수많은 매력적인 여자를 거느리게 되었지요.

그는 날마다 새벽까지 파티를 열었습니다. 하루하루가 그의 마지막인 양 돈을 써 댔습니다. 그래서 결국 피할 수 없는 일이 생겼지요. 어느 날, 돈이 하나도 남지 않게 되었습니다. 게다가 건강마저 엉망이 되어버렸습니다.

고열에 시달리며 지친 몸으로 쓰디쓴 환멸을 가득 맛본 채, 그는 자신의 작은 가게로 돌아왔고, 다시 영업을 하였습니다. 그리고 습관에서인지 구차한 생활 속에서도 또다시 해마다 아일랜드 스위프 복권을 사기 시작했습니다.

2년이 지난 뒤, 또 다시 노크 소리가 문을 통해 들려 왔습니다. 지난번에 정장을 입고 왔던 그 두 남자가 아일랜드 스위프 복권 사상 믿을 수 없는 일이라며 또다시 당첨되었다고 이야기했습니다. 그리고 상금 역시 지난번과 마찬가지로 오십만 달러였지요.

그러자 그는 가게 밖에 있던 사람들도 들을 수 있을 정도로 신음소리를 내며 망설였습니다. 그는 "아니, 싫소! 당신은 날더러 그 고생을 또 하라는 말이오?"라고 항변하며 그 상금을 받기를 거절하였습니다.

원하는 걸 갖는다는 건 처음에 아무 것도 없을 때만큼이나 다루기 힘듭니다. 수많은 사람들이 실패의 삶보다는 성공적인 삶을 살아가는 것이 더욱 시험을 당하는 것이라는 사실을 늦게서야 깨닫곤 하지요. 그리스도인이 간과하기 쉬운 원칙이 하나 있습니다. 그것은 바로 우리가 지금 가진 것과 우리의 현재 위치에 만족하는 법을 배우는 거지요. 만족하지 못하는 삶 때문에 진짜 혼란이 무엇인지 톡톡히 알게 될 때가 있을 것입니다.

기다림

사람들이 인생에서 5년이란 세월을 차례를 기다리며 줄에 서서 보낸다는 사실을 알고 있습니까? 식료품 계산대에서, 자동차 면허갱신을 위해서, 카페에서, 식당에서, 매표구에서, 지하철역에서……. 그뿐만이 아닙니다. 대부분의 사람들은 6개월이란 시간을 신호등의 불이 바뀌기를 기다리는 데 보내지요!

"대부분은 자신의 시간이 얼마나 낭비되고 있는지 잘 모릅니다." 피츠버그의 한 컨설팅회사 대표인 마이클 포티노 씨는 이렇게 말합니다. 이 회사 조사자들은 사람들이 어디서, 어떻게 시간을 보내는가를 알아보기 위하여 종종 스톱워치와 클립보드를 들고 1년이 넘게 전국의 수백 명을 대상으로 연구해 왔습니다.

이 연구는 1년 뒤인 1988년에 발표되었지요. 시간 이용에 관한 이 연구는 사람들이 평균적으로 신호등에서 6개월, 잡동사니 우편물을 열어보는 데 8개월, 잘못 놓여진 물건을 찾는 데 1년, 전혀 유용하지 않는 사람들에게 회답 전화를 하는 데 2년, 집안 일을 하는 데 4년, 줄서기에 5년, 먹는 데 6년을 소비하는 것으로 밝혀 냈습니다.

"중요한 점은 사람들이 좋아서 하는 일보다 싫어하는 일을 하며 더 많은 시간을 보낸다는 거지요."

포티노 씨의 말입니다.

시간 이용에 대한 연구는 세상 모든 사람들이 정확히 같은 시간을 할당받고 있기 때문에 더 흥미로운 주제입니다. 내가 말하고자 하는 것은 인생의 길이가 아니라 저마다 하루에 24시간과 한 주에 156시간을 할당받았음을 뜻하지요. 시간도 역시 재생 불가능한 생활용품과 같습니다. 지금 지나가는 1분은 우리 인생에서 두 번 다시 돌아오지 않습니다.

어린 시절에는 성장하는 데 걸리는 시간이 더디게 느껴집니다. 불과 몇 분이 영원하기라도 한 것처럼……. 그러나 지금은 몇 분이 순간처럼 빨리 지나가고, 이젠 일년이 길어 보입니다. 주어진 시간에 어떻게 몰두하는가에 대하여 한 번이라도 심각하게 생각해 본 적이 있습니까? 아마도 위의 연구가 도움이 될 것입니다.

이 주제에 대하여 논의하는 동안, 돈과 마찬가지로 시간의 십일조를 생각해 보았습니까? 한 주의 156시간 가운데 십분의 일은 15.6시간입니다. 만일 주일에 교회를 두 번 간다면 대략 5시간 정도 소요될 것이며, 주중의 교회 활동에 세 번 더 참석해도 7.6시간이 남습니다!

여러분 삶에 이렇게 좋은 투자를 할 수 있는 다른 것이 또 어떤 게 있을까요? 이웃을 돕는다든지 아픈 친구를 돕는 것은 어떨까요?

　의사인 뎀프시 박사가 〈죽음의 길〉이라는 책에서, 사람들이 자신의 죽음을 목전에 두고 어떤 말을 남기는지를 목격한 대로 저술했습니다.

　68세에 암에 걸린 한 할머니는 발레에 대한 저서를 남기겠다고, 죽는 순간까지 자료들을 방에 가득 쌓아 두고 있었습니다. 이 환자는 결국 한 장의 원고도 쓰지 못했지만, 의욕과 포부를 안고 죽어갔다고 합니다. 미국의 야구선수였고 명 코치로 명성이 높았던 커크는 병원에 누워있을 때, 자기의 생명이 열흘 정도 남았다고 속삭이는 의사와 가족의 대화를 엿듣게 되었습니다. 그래서 이런 짤막한 시를 남겼다나요?

> "열흘이나 남았다고?
> 한번 더 시원한 홈런을 볼 수 있겠군!
> 흘러간 그 많은 경기들,
> 좋은 경기, 서툰 경기, 엉뚱한 경기…….
> 그래도 하나님께 감사하는 것은
> 내가 열심히 뛰었다는 것,
> 나의 야구장은 성실한 경기장이었다는 것!"

　유명 인사들이 임종 직전에 한 말은 살아 있는 우리들에게 무엇인가를 생각하게 합니다. 화가인 르누아르는 "나는 아직도 발전하고 있다!"고 했습니다. 참 의욕적인 말이지요. 문인 웰스는 "저리들 가! 난 괜찮아!"라고 하였습니다. 최후의 순간까지 신경질이었습니다. 탐정 소설의 대가 에드거 앨런 포는 "주님,

이 불쌍한 영혼을 도와주십시오!"라고 하였습니다. 무척 겸손한 신앙입니다. 문호 톨스토이는 "어떻게 해야 할지 모르겠구나!"라고 하였습니다. 그의 무게 있는 작품답지 않게 방황하는 최후입니다. 노벨 문학상을 받은 희곡작가 버나드 쇼는 끝까지 유머를 잃지 않고, 오히려 임종을 지켜보는 의사에게 "의사 선생, 아직 당신을 칠 만한 기운이 남아 있소!"라고 하였습니다.

나폴레옹은 죽는 순간에 "프랑스……군대……조세핀……" 하고 중얼거렸습니다. 조세핀은 이혼한 아내였지요. 그는 자기가 평소에 가장 중요하다고 생각했던 세 개의 낱말을 열거한 것입니다. 시인 괴테는 죽을 때 "창문을 열어다오. 빛을, 빛을……" 하고 말했습니다. 시인다운 최후의 말입니다. 베토벤은 죽을 때 "친구여, 박수를……희극은 끝났소!"라고 말했습니다.

1945년 4월 8일 주일 아침이었습니다. 본회퍼 목사가 아침기도를 마치기도 전에, 험악하게 생긴 두 사나이가 감방을 향하여 소리쳤습니다: "죄수 본회퍼, 우리를 따라오시오!" 그 말은 언제나 죽음에 이르는 최후의 명령이었지요. 그 때 같은 감방에 있던 한 영국군 장교가 "목사님, 마지막이군요. 안녕히 가십시오!" 하고 말씀드렸습니다. 그러나 본회퍼 목사는 미소를 머금은 평화스러운 낯으로 "마지막이 아닙니다. 지금부터 시작입니다!" 하고 말하면서 그들을 뒤따라 사라졌습니다. 마틴 루터 킹 목사는 암살당하기 몇 시간 전에, 이런 말을 감격적으로 친구들 앞에서 외쳤습니다. "결국, 나는 자유를 얻었네!" 마치 자신의 죽음을 예견한 것 같은 발언이었지요. 그는 최후의 순간까지 신념과 기쁨이 가득 찬 삶을 살았던 것입니다.

예수님은 돌아가실 때 "다 이루었다!"고 말씀하셨습니다. 십자가 위에 자신의 몸을 제물로 바치실 때까지 짧은 생애를 유감없이 하나님께 드렸다는 신앙고백이셨던 것입니다. 인생은 끝나봐야 압니다. 여러분의 최후의 말은 과연 무엇이 될 것 같습니까?

바른 길

어떤 미 해군장교는 자신이 직접 전함에서 지휘하는 꿈을 늘 갖고 있었습니다. 그래서 해군사관학교를 졸업한 뒤, 열심히 노력하여 곧 높은 계급에 이르게 되었습니다. 비록 오만함과 함께 자만심도 많은 그였지만, 승진에 방해가 되지는 않았습니다.

그러던 그가 마침내 소원대로 전장 지휘를 맡아, 사기가 충천한 최신형 전함을 타고 출격하게 되었습니다. 얼마나 그가 기뻐했을지 상상해 보십시오. 그가 오래도록 그리던 순간이 이제 곧 펼쳐질 것입니다.

그 때는 전쟁이 계속되고 있었습니다. 전투에 참가한 전함의 함장으로 이 사나이가 폭풍우가 몰아치고 파도가 거센 어느 날 선상에 나와 지휘하고 있었습니다. 마음 속에는 자신에 대한 자랑스러움이 솟구치고 있었습니다. 바로 그 때였지요. 항구 바깥쪽에서 이상한 불빛이 전함이 있는 방향으로 다가오는 것을 발견하자마자, 곧바로 근처의 관측병에게 말했습니다.

"저 정체불명의 선박에게 다음과 같이 메시지를 보내라: '전진 방향을 서쪽으로 10도 바꿀 것!'"

1, 2분 정도 지나자 다음과 같은 회신이 왔습니다.

"당신의 함대가 북쪽으로 10도 방향을 전환해야겠소!"

그러자 함장은 다른 군함에게 주도권을 넘길 수 없다고 판단하고 곧바로 다음과 같이 송신할 것을 명했습니다.

"당신이 서쪽으로 10도 전환하시오. 나는 이 배의 함장이요."

금새 회신이 왔습니다.

"당신들이 북으로 10도 변경하시오. 나는 3등 수병 존스요."

이 메시지를 받자 함장은 격분하여 직접 명령했지요.

"서쪽으로 10도 변경하라. 여기는 전함이다!"

곧이어 마지막 회신이 왔습니다.

"북으로 10도 변경하십시오. 여기는 등대입니다!"

어떤가요? 우리는 형태는 다르지만 성향이 이것과 비슷한 일을 종종 겪을 수 있습니다. 그럴 때 여러분은 어떤 편인가요? 이야기 속의 남자처럼 자신의 성취한 바는 절대적으로 지켜져야 한다고 고집하는 이기적인 속성 때문에, 좀더 긴급하고 중요한 상위 가치들을 볼 수 없는 어리석은 모습이 아니었기를 바랍니다. 무엇보다 앞서는 최상위 명령이 우리가 사는 세상에서 분명히 존재합니다. 우리 인간은 당연히 우리보다 우월한 존재에게 순복할 수밖에 없지요. 이것은 어떤 사람들에게는 인정하기 힘든 것임을 알고 있습니다. 그러나 위의 이야기를 통해 우리는 이미 교훈 한 가지를 깨달을 수 있습니다.

오직 자신밖에 모르는 교만한 인간 세계에서 의지하고 바라볼 만한 횃불은 단 한 가지밖에 없습니다. 하나님의 말씀이라고 불려지는 것! 바로 성경입니다!

하나님의 말씀을 읽다보면, 우리가 사는 이 세상의 진행 과정이 성경에 밝히 보이듯 오늘에도 어김없이 적용됨을 볼 수 있습니다. 성경은 오늘 읽든 열흘 후에 읽든, 변함없이 동일한 진리를 말해 줍니다.

모든 인생은 그 근원점을 밝혀볼 필요가 있습니다. 나는 성경이 여러분 삶의 등대가 되기를 간절히 소망합니다.

교양 교육

1942년 미 해군은 각계 기술인력을 예비로 양성해 두어야 할 필요를 절실히 느꼈습니다. 그래서 그 인력을 선발하는 데, 그 선발장에서 반바지 차림의 젊은이 네 명이 추위에 떨며 대기하고 있었습니다. 무표정한 심사관은 첫번째 지원자에게 질문했습니다.

"당신이 할 수 있는 게 무엇입니까?"

"저는 메이시 백화점에서 판촉을 맡고 있습니다. 시장, 가격, 유행을 빠르게 판단하는 교육을 받았지요."

"좀더 실용적인 건 없나보죠?"

심사관은 그를 다른 옆에다 세워 두었습니다.

심사위원단은 다음 지원자인 변호사에게 실무적인 일을 할 수 있는지 물었습니다.

"저는 증거들을 두고 서로 비교하여 평가하며 정보를 판단하여 처리할 수 있습니다."

두 번째도 마찬가지로 불합격이었습니다.

세 번째 남자도 같은 질문을 받았습니다.

"저는 언어학과 역사 공부를 많이 했습니다."

심사위원들은 하나같이 못마땅한 듯 한숨을 내쉬고는 잠시

의논하더니 그를 나머지와 다른 한쪽으로 구분하여 세웠습니다.

그런데 네 번째 남자는 대담하게 말했지요.

"저는 대학에서 기술교육을 받았습니다. 저는 디젤 엔진을 분해하여 검사할 수 있습니다."

그러자 위원단은 곧바로 그를 장교로 임명했습니다.

전쟁이 끝나자, 메이시 백화점 판촉사원이던 이는 그의 말대로 시급을 다투는 일에 빠르고 정확한 판단력으로 해군 참모총장을 보좌했습니다. 그래서 그는 해군 관리자 과정과 정부 각료 단계를 거쳐 그 분야의 전문가가 되었지요.

변호사는 핼시 해군 제독을 도와 실력을 발휘했는데, 중요한 전쟁에서 정보를 입수하고 분석하여 적군의 위치를 추적해 내기도 했습니다. 그래서 퇴역할 때는 훈장도 받았지요.

세 번째 남자는 몇 명으로 구성된 집행위원회 해군 서기관으로 일하며, 남태평양 지역에서 차지하는 미국의 위치를 전망하며 결정짓는 데 큰 역할을 했습니다.

그렇다면 대학에서 기술교육을 받았던 네 번째 남자는 어떻게 되었을까요? 그는 계속 디젤 엔진을 분해하여 검사하는 일을 했습니다.[23]

재능과 능력, 교육 수준에 따라 사람의 운명이 뒤바뀔 수 있다는 것은 매우 재미있습니다. 누가 감히 함부로 어떤 사람의 미래를 예측할 수 있겠습니까? 물론 이 말은 우리의 교육 자체를 부인하는 발언이 아닙니다. 그렇지만 일단의 교육 과정이 종결된 뒤 그 성과를 유지하는 것 역시 중요하지요. 교육이 한 인간의 내면을 구성하는 한 부분으로서 지대한 영향력을 가진다면, 한 인생 행로가 학교교육 가운데 밝히 드러날지도 모릅니다. 미래에 일어날 일을 누가 장담할 수 있습니까? 그러니 지금부터 준비하고 노력하고 배우십시오. 그러면 여러분 앞에 기회가 찾아왔을 때 확실한 대답을 할 수 있을 것입니다.

마음 속의 새장

대부분의 창조적인 사람들은 풀어야 할 문제들과 씨름할 때 행복해 합니다. 그런 사람들은 사물이나 현상을 바라볼 때 어떻게 개조하고 수정하면 좀더 나아질 지에 관해 끊임없이 생각하는 사람들이지요.

찰스 케터링이라는 발명가가 있었습니다. 이 사람은 자동차 산업, 특히 제너럴 모토사를 위하여 무수한 발명을 한 사람입니다. 바로 오늘 자동차 산업의 기초를 다진 사람이지요. 그는 자신의 사고 방식을 '마음 속에 새장 달기'에 비유하기를 좋아했습니다.

케터링이 직장 동료인 한 친구와 내기를 한 적이 있습니다. 만일 그 친구가 새장을 받아서 집안 어딘가에 걸어 두면, 나중에라도 언젠가는 새장에 들어갈 새를 사야만 할 거라고 내기를 했지요.

그래서 케터링은 그 다음 유럽 방문길에, 그 친구를 위하여 아름답고 화려한 장식의 새장을 구입했습니다. 그리고 케터링은 말했지요: "저는 스위스에서 만든 매혹적인 새장을 하나 친구에게 사 주었고, 제 친구는 식탁 근처에 새장을 걸었 두었지요. 물론 어떤 일이 벌어졌는지 아시겠죠? 사람들이 찾아와서는 언제 새가 죽었냐고 묻기 시작했죠. 그러면 죠는 새는 처음부터 없었다고 말하곤 했습니다. 사람들은 더욱 궁금하다는 듯 그렇다면 왜 새장을 산 거냐고 물었습니다. 그러다 보니 결국 제 친구 죠는 빈 새장을 갖고 있는 이유를 계속해서 설명해 주는 것보다 새를 사서 새장에 넣어두는 게 훨씬 더 편하겠다는 걸 알게 된 거지요."

케터링은 몇 번이고 이 짤막한 이야기를 하기를 즐겼습니다. 그는 싱긋 웃음을 지으며 이렇게 결론을 내리곤 했지요:

"당신 마음에 새장을 걸어 두셨다면, 결국 당신은 그 안에 넣을 무언가를 구하게 될 겁니다."

교사는 학생들의 마음에 빈 새장을 걸어 놓아야 합니다! 얼마나 좋은 기회인가요? 다음 번에 "무엇을 해서 살아가시나요?"라는 질문을 받게 되면 웃음을 띠며 상냥하게 말할 수 있을 겁니다.

"제 직업은 사람들 마음에 빈 새장을 걸어 주는 거지요."

이렇게 대화를 시작하면 얼마나 훌륭한 대화가 되겠습니까? 저는 이런 대화를 좋아합니다.

한 여론조사에 따르면, 사람들에게 성공의 의미는 건강, 좋아하는 직업, 행복한 가정이라고 합니다. 또 성공한 사람들의 공통적인 특징은 뚜렷한 삶의 목표, 도전 정신, 자기 조절 능력, 불평보다는 문제를 해결하려는 자세, 인생의 질에 좀더 나은 가치를 두려는 마음가짐, 기술과 지식의 조화 등이라고 합니다. 이 모든 삶의 요소가 바로 새장을 걸어 줄 훌륭한 교사들의 몫이 아닐까요!

누구의 포스터를 붙여 놨나요?

난로가에 조용히 앉아 책 읽기 좋은 밤에 읽었던 이야기 하나입니다. 열여덟 살의 건장한 청년 리코 리로이 마샬은 메릴랜드 주의 글래나덴에 있는 포레스트빌 고등학교의 만능 농구선수였습니다. 그는 남케롤나이나 주립대학에 체육 특기생으로 들어갈 예정이었지요. 장래가 유망했던 그 청년은 학교에서도 재능이 남달라, 교내 장기자랑에서 일등을 하기도 했고, 인기를 한몸에 받는 친구이기도 했습니다.

어느 날, 고교대항 농구시합을 마치고 자신의 차로 집에 돌아가던 리코는, 순찰대의 불심검문을 받게 되었습니다. 옆좌석에 상당한 양의 코카인이 든 비닐봉지를 가지고 있던 리코는, 경찰들이 자신의 차로 다가오자 너무 겁을 집어먹은 나머지, 그만 가방 안의 코카인을 모두 삼켜 버렸습니다. 그 날 밤, 리코는 심한 경련을 일으켰습니다. 그래서 병원으로 옮겨졌으나, 다음 날 아침 약물 과다복용으로 사망하고 말았습니다.

이 이야기에 이어지는 이야기를 계속 해봅시다. 리코의 침실에는 농구 스타 렌 바이어스의 커다란 포스터가 붙어 있었습니다. 매릴랜드 주립대학의 농구 스타였던 그는 NBA에서 1급 대우를 약속받았으며, 보스턴 셀틱스 농구팀에 픽업되었습니다. 하지만 그 픽업이 있던 날 밤, 렌은 코카인 과다복용으로 죽고 말았습니다.

어떤가요? 슬픈 이야기가 아닙니까? 혹시 놀라지는 않으셨는지요?

이 이야기에서 리코와 리코의 영웅 렌의 유사점을 쉽게 찾을 수 있을 것입니다.

아침마다 리코가 눈을 떴을 때, 맨 처음 대했던 인물은 그의 영웅 렌이었습니다. 잠자기 직전에 대했던 인물도……. 렌은 리코의 영웅이자 꿈이었고, 인생의 최종 목표였던 것입니다.

자, 그럼, 여러분의 영웅은 누구인가요? 여러분 방에는 지금 누가 있습니까? 아침에 처음으로 만나는 사람은 누구인가요? 누굴 닮고 싶은가요?

신중해야 합니다. 우리 주변의 영웅들은 중요한 존재들입니다. 하지만 더 중요한 것은, 여러분의 영웅으로 누구를 선택하느냐가 아닐까요?

쥐 잡기

항공기 산업의 초창기 시절, 모든 것은 새로웠고 조잡했으며 비행 기술은 걸음마 수준이었습니다. 지금과 같은 정교하고 기술적인 항공 기술들은 그 당시에는 전혀 생소한 것들이었지요. 이러한 배경을 염두에 두고 이야기를 들어보시기 바랍니다.

한 용감한 비행사가 뼈대는 나무이고, 그 뼈대를 감싸는 몸체는 천이었던 참으로 부서지기 쉬운 조잡한 비행기를 타고 세상의 여러 곳을 비행하고 있었습니다. 이륙 뒤 약 두 시간 정도 비행하고 있는데, 무슨 이상한 소리가 비행기 안에서 났습니다. 그 소리가 나는 곳을 찾아서 주의를 둘러보던 조종사는 그만 화들짝 놀라고 말았습니다. 그것은 다름 아닌 쥐가 비행기 안의 무엇인가를 갉아먹는 소리였기 때문이었습니다. 비행기가 땅에 착륙해 있는 동안 쥐가 비행기 안으로 들어왔을 것이라 생각되었습니다. 비행기 안의 쥐는 쉽사리 중요한 케이블

이나 조종선, 심지어는 중요한 목재 버팀목 따위를 갉아먹을
수 있기 때문에 아주 위험했습니다.

어떻게 해야 하나? 다음 착륙지까지는 두 시간이나 더 남았
는데, 무척 걱정스러운 일이 아닐 수 없었습니다. 계속 비행을
하면서 해결책을 고민하던 비행사에게 한 가지 묘책이 떠올랐
습니다. 그것은 바로 쥐가 설치류라는 것이지요. 설치류는 보
통 지상이나 땅 속에서 살기 때문에 높은 고도에서는 살 수가
없습니다.

그래서 비행사는 비행기를 고도 이만 피트 이상으로 끌어올
렸습니다. 그러자 곧 그 소리가 사라져 버렸습니다. 바로 그
고도의 대기에서는 쥐가 살아남을 수가 없었던 것이지요! 두 시
간 뒤, 비행사는 안전하게 다음 착륙지에 도달해서 죽은 쥐를
찾아냈습니다.

쥐와 같이 우리의 우정을 갉아먹는 파괴자들이 있습니다. 걱
정, 두려움, 부정직, 뒤에서 들려오는 온갖 험담, 분노, 거짓
말 등 이 외에도 아주 많은 파괴자들이 있습니다.

어떻게 하면 우리 안에 있는 이런 쥐같은 존재를 없애 버릴
수 있을까요? 그 방법은 의외로 간단합니다. 이 파괴자들은 하
나님 나라에서는 숨을 쉴 수가 없어 죽어 버립니다. 그러니 말
씀과 기도와 헌신으로 주님께 나아갈 때 그러한 것들은 사라질
것입니다.

이러한 방법으로 우리는 아름다운 친구들을 사귈 수 있습니
다. 나 또한 그런 아름다운 친구가 되어 줄 수도 있습니다. 우
리의 우정을 파괴시키는 파괴자들은 높으신 하나님 앞에 서면
사라져 버립니다.

탐욕

'디어 애비'라는 명 칼럼이 있습니다. 이 칼럼에서 우리는 현대를 살아가는 갖가지 인간 군상들을 만날 수 있지요. 애비는 해결 박사인 듯합니다. 이제부터 읽게 되는 글은 디어 애비의 칼럼에 직접 실린 글은 아니지만, 그 칼럼의 작가인 아비가 일반 뷰런에게 한 독자가 보낸 글입니다:

애비에게,

저번 칼럼에 실린 내용 가운데 사역하시느라 수고하신다며 한 성도가 목사님께 가죽 장갑을 선물했는데, 처음에는 목사님이 실망했지만 나중에 알고 보니 장갑 손가락 하나하나마다 십 달러짜리 지폐가 있더라는 내용을 읽고, 다음과 같은 이야기가 생각났습니다.

한 부자집 젊은이가 고등학교 졸업을 앞두고 있었습니다. 부자집에서는 부모가 고등학교를 졸업하는 아이들에게 자동차를 사주는 것이 관행인지라, 그 젊은이와 아버지는 차를 사기 위하여 수개월 간 차를 보러 다녔지요. 졸업을 며칠 앞둔 어느 날, 그들은 드디어 원하는 차를 찾아냈습니다. 아들은 그 차를 선물로 받을 생각에 한껏 마음이 부풀어 있었습니다.

하지만 졸업식 하루 전날 차대신 성경을 선물로 받은 아들은, 실망감에 몹시도 화를 내며 성경을 집어던지고 집을 뛰쳐나가고 말았습니다. 그 뒤로 두 부자는 다시는 만나질 않았지요. 그렇게 세월이 지나고, 젊은이는 아버지의 사망 소식을 듣고 집으로 돌아왔습니다.

어느 날 저녁, 물려받을 아버지의 유산을 정리하던 젊은이는 그 때의 성경을 발견하고는 뽀얗게 쌓인 먼지를 털어내고 성경을 들춰보기 시작했습니다. 그런데 거기에서 한 장의 수표를 발견하게 되었습니다. 발행 날짜가 자기의 졸업식과 딱 일치하는 그 수표는 금액도 아버지가 졸업식 날 사주기로 하셨던 자동차의 금액과 똑같았습니다.

텍사스에서, 베카 핀크가

여기에 대한 답장을 애비 여사가 보냈습니다:

친애하는 베카씨,

그 젊은이가 아버지에게서 받은 성경을 처음부터 끝까지 다 읽어 보았으면 싶네요. 아마도 그 젊은 친구는 성경에서 많은 것을 배우게 될 것입니다. 성경은 말합니다: "미련한 아들은 그 아비의 슬픔이 되고, 그 어미의 고통이 되느니라"(잠언 17:25).[24]

더 이상 무슨 말이 필요할까요? 흔히, 젊은 사람들은 자신의 젊음을 너무 낭비하는 경향이 있습니다.

너무 늦기 전에 삶 속에서 우리에게 주는 교훈과 충고들을 받아들여야 하지 않을까요? 경험을 하고 후회할 때는 참으로 많은 시간과 젊음이 허비된 뒤니 말입니다. 욕심이라는 감정은, 아예 일찍부터 억제하지 않으면, 너무도 쉽게 한 사람의 일생을 망쳐버리는 무서운 감정임을 명심합시다. 죽고 나면, 아무 것도 가져갈 수 없고, 돌이킬 수도 없다는 것을.

승리보다 더 큰 것

애석하게도 그들은 단지 '쓰러진 이들'로 기억됩니다. 올림픽 역사에서 가장 비통한 순간으로 기록된 이야기 가운데 그들의 이야기가 있지요.

1988년 캘거리 동계 올림픽에서 있었던 일입니다. 금메달 후보였던 댄 얀센은 누이가 백혈병으로 죽었다는 소식을 듣고 나서, 한 시간 뒤 500미터 경주를 하러 빙판으로 나왔습니다. 그가 첫 바퀴를 돌았을 때, 그 비통한 소식의 무게가 그를 얼음판 위로 쓰러뜨릴 것 같았지요. 아니나 다를까, 그는 그만 경주 도중 넘어지고 말았습니다. 나흘 뒤, 얀센은 다시 1000미터에 도전했습니다. 그리고 또다시 넘어졌습니다. 이번에는 경기를 시작하자마자였지요.

"내 모든 성취가 아무 것도 아니라는 것과 내가 올림픽에서 넘어진 이로만 기억될 것이라는 사실을 몹시 받아들이기 어려웠어요."라고 그는 말했습니다. 그가 다시 또 그런 일을 겪지는 않을 것이라는 믿음을 갖기 위해서는 꽤 오랜 시간이 필요했습니다.

그 뒤, 그는 성장하여 결혼을 했습니다. 그리고 재기했지요. 또 다른 금메달을 위하여.

1988년에 고향인 위스콘신 주의 웨스트 알리스에서 열린 세계 단거리 선수권 대회에서 우승을 거둔 이래, 그는 지금까지도 변함없이 미국 최고의 단거리 스케이트 선수입니다. 그 뒤 1991년에서 1992년 사이에, 얀센은 500미터 부문에서 장족의 발전을 거듭하여 올림픽 금메달리스트인 독일의 우베-옌스 메이의 세계 기록을 깨뜨렸습니다. 그러나 캘거리에서의 경험은 그의 삶에 대한 시각을 완전히 바꾸어 놓았습니다. 얀센은 냉정하게 말했습니다: "누이를 잃는 것은 금메달을 따는 것보다 훨씬 중대한 일이었어요. 금메달을 따는 것은 이제 더 이상 내 인생에서 가장 중요한 일이 될 수는 없습니다!"[25]

1994년 노르웨이 올림픽은 이제 역사가 되었습니다. 댄 얀센이 500미터 경기에서 다시 넘어졌을 때, 그것은 이전에 보았던 장면과 너무나 흡사했습니다. 그리고 1000미터 단거리 경기에서도 또다시 같은 일이 일어났지요. 이제 남은 경기는 1500미터밖에 없었습니다. 그러나 이것은 그의 주종목이 아니었지요. 그는 500미터 경기에서 세계 기록을 가지고 있다는 것을 기억하세요! 그러나 우리는 그 극적인 장면이 연출되는 TV화면에 시선들을 집중하고 있었습니다. 이윽고 출발을 알리는 총소리가 울리자, 댄은 그가 약속한 바대로 최선을 다했습니다. 그래서 결국 그의 마지막 경주를 승리로 이끌어 냈습니다. 그것은 경이의 순간이었습니다.

댄이 금메달을 목에 두르고 시상대에 올라섰을 때, 우리는 그의 마음을 읽을 수 있었습니다. 애국가가 연주될 때, 그는 눈물을 흘렸습니다. 그리고 그는 하늘을 향해 경례를 올렸지요. 이 경주는 바로 그의 누이를 위한 것이었습니다. 이 이야기는 우리가 우리의 인생에서 우선권을 어디에 두어야 하는지에 대해 상기시켜 주고 있습니다.

"금메달을 따는 것은
이제 더 이상
내 인생에서 가장 중요한 일이 될 수는 없습니다!"

당신은 누구를 알고 있는가?

남북전쟁 가운데 있었던 일입니다. 한 젊은 병사가 전장을 걷다가 총상을 입은 전우를 발견했습니다. 그는 심한 출혈로 생명이 위태로운 상태였습니다. 병사는 전우의 다친 손발을 바로 펴주고 얼굴에서 흐르는 피도 닦아 주었습니다. 그 힘든 상황을 견뎌내도록 될 수 있으면 편하게 배려해 주었지요. 그리고 마지막 순간까지 곁에 있겠노라고 말해 주었습니다.

"이봐, 더 필요한 거 없어?"

"있어."

죽어 가는 병사가 말했습니다:

"종이가 있으면 아버지께 전하는 메모 좀 받아써 줘. 아직 서명할 힘은 있으니까. 아버진 북부에서 유명한 판사시니까, 그 종이를 보여 드리면 널 도와주실 거야."

그 내용은 이러했습니다:

"사랑하는 아버지께, 저는 전장에서 죽어갑니다. 제 친한 친구 한 명이 마지막까지 최선을 다해 도와주었어요. 만일 그 친구가 아버지를 찾아오면, 아버지의 아들 저 찰리를 대신해 잘 해주세요."

그리고 굳어가는 손가락으로 힘겹게 서명을 했습니다.

전쟁이 끝난 후에 너덜너덜한 군복을 입은 병사는 유명한 판사를 찾아갔지만, 하인들은 그 차림새가 부랑자 같아서 그를 들여보내 주지 않았지요.

그가 계속 판사를 만나야 한다고 고집하자 소동이 일어났고, 마침내 그 소리를 들은 판사가 밖으로 나와 병사가 내미는 종이쪽지를 읽게 되었습니다. 처음에는 그를 거지라고 여겼던 판사가 맨 끝의 서명을 보고서야 휘갈겨 쓴 필체이긴 하나 아들의 글씨임을 깨닫게 되었지요.

그래서 그는 병사를 안고 집으로 데려와 눈물을 흘리며 말했습니다: "돈이 얼마가 들든지 간에 내 있는 힘을 다해 자네가 무엇이든 할 수 있도록 도와주겠네."

왜 갑자기 판사의 태도가 바뀌었을까요? 그건 다름 아니라 메모 끝에 있던 아들 챨리의 서명이었습니다. 그것이 아버지와 아들의 관계를 나타내며 그를 변화시켰던 거지요.

옛 격언 가운데 이런 것이 있습니다: "네가 무엇을 아는가는 사실 중요치 않다. 중요한 것은 네가 누구를 알고 있는가이다!"

영적인 세계에서도 마찬가지랍니다. 이 세상의 모든 지식으로도 하나님께 다가가는 데는 사실 도움이 되지 않습니다. 단지 구세주인 예수 그리스도를 영접하여 그분과 맺게 될 새로운 관계만이 여러분 앞에 가능성을 줄 것입니다. 여러분을 천국의 보좌로 인도하실 하나님의 아들과 바른 관계를 맺는 일은 지금도 늦지 않았습니다!

보험 증서

1930년대 미국엔 대공황이 있었고, 그 시대를 살았던 가난에 찌든 한 노파의 이야기가 있습니다. 생활고는 더해가기만 했지 나아질 줄 몰랐습니다. 더욱이 제1차 세계대전으로 남편을 잃은 많은 미망인들은 단지 한 끼 식사를 마련하기 위하여 온갖 고초를 겪어야 했습니다.

어느 날인가 한 노파는 초라하지만 깨끗이 빤 옷을 단정히 입고 미네소타 주의 미니애폴리스에 있는 보험사로 들어서더니 안내 창구로 조심스럽게 다가갔습니다. 그녀는 거친 농사일을 하느라 못이 박힌 손으로 누렇게 변색된 보험 증서를 내밀었습니다. 그리고 노파는 보험을 해약하고 납입을 중지하고 싶다고 애원했습니다. 그러자 완고한 직원은 마지못해 받아들고 건성으로 훑어보더니 깜짝 놀란 눈으로 말했지요: "이건 아주 비싼 거네요. 그럼요, 올해부터는 보험료를 내지 않으셔도 됩니다. 그런데 혹시 남편과 상의해 보셨습니까?"

"아니오." 노파는 고개를 떨구며 말했지요. "제 남편은 3년 전에 죽었답니다."

"뭐라구요?" 직원은 놀라 소리쳤습니다. "이건 남편의 생명보험 증서란 말입니다."

노파는 어리둥절한 표정으로 직원을 쳐다보았습니다. "실례지만 무슨 말씀인지 모르겠군요."

직원은 노파에게 아까와는 달리 정중하게 대답했습니다: "부인, 이건 삼십만 달러나 되는 생명보험 증서입니다. 남편께서 돌아가셨을 때 이미 지급이 되었어야 했습니다. 여기 앉아 계십시오. 금방 돌아오겠습니다." 보험 증서를 들고 상사를 만나러 간 그는, 잠시 뒤 상사와 함께 나타났습니다. "저희와 함께 가시겠습니까?"

그들은 노파를 방으로 안내하여 다시 설명해 주었고, 곧 삼십만 달러짜리 수표와 함께 지난 3년 동안 초과 지불된 보험료와 이자까지 계산해서 노파에게 지급했습니다.

그녀는 어마어마한 금액의 수표를 들고 보험사를 나섰지요. 자기 몫인 줄도 모르고 있었던 재산이 굴러들어온 것입니다.

여러분은 이런 급작스런 상황의 반전을 상상이나 할 수 있겠습니까?

그녀의 인생을 바꾸어 놓은 삼십만 달러는 만일 노파가 보험 사에 들르지 않았더라면 모르고 지나쳐 버릴 수도 있을 것입니다. 그러니 그녀는 얼마나 행복하겠습니까!

여러분 삶에도 이와 비견할 만한 일이 있었습니까? 하나님 나라에 들어가기로 결정한 순간, 하나님의 축복과 은총을 받게 되리라는 걸 깨달았었습니까? 여러분은 하나님이 주신 특권을 누리며 살고 있습니까?

우리는 언제나 인생의 안정성을 추구합니다. 하지만 우리의 삶 자체가 이미 하나님의 주권 아래 놓인 것임을 생각해 볼 때, 진정한 안정성의 추구는 각종 위험의 요소를 제거하는 것이나 은행에 막대한 예금을 넣어두는 것 따위가 아닙니다. 진정한 안정성의 추구는 바로 하나님을 향하여 나아가는 우리의 믿음 안에 있습니다. 이 사실을 깨닫게 되기를 빕니다.

인생에서 가장 중요한 것

조지 워싱턴 카버는 뚜렷한 삶의 목표를 가지고 중용을 지키고자 노력했던 선량한 사람입니다. 노예의 가정에서 노예 신분으로 태어났기 때문에, 카버는 학교 교육을 받기 위하여 기존의 거대한 편견과 싸워야 했습니다. 그렇게 갖은 학대 속에서 카버는 석사학위를 받았고, 아이오아 대학의 교수 자리를 얻었습니다. 많은 사람들이 탐내는 자리였습니다. 아이오아 대학에서 그렇게 명망 있는 자리에 오른 흑인은 한 사람도 없었습니다. 자연스럽게 다른 교수들도 그를 아끼게 되었습니다. 학생들도 열정적으로 그의 강의를 들으려 했습니다. 그의 인생에서 처음으로 멋진 시기가 찾아온 것입니다.

그 때 카버는 부커 워싱턴으로부터 남부흑인 교육사업에 동참할 것을 제안하는 편지를 받았습니다. 카버는 고심 끝에 아이오아 대학의 교수직을 사임했습니다. 명망 있는 안락한 자리를 버리고, 카버는 남부의 메마른 목화밭에서 굶주림에 지친 사람들을 가르치러 떠났습니다. 남부의 흑인들은 먹을 것에 굶주려 있었을 뿐만 아니라, 배움과 더 나은 인생에도 목말라 했습니다. 몇 년 동안 헌신과 희생이 따랐지만, 카버의 위대한 정신은 천천히 결실을 맺기 시작했습니다. 그의 교육은 사람들이 더 이상 노예가 아니라 하나의 인간으로서의 존엄성을 지닌다는 사실을 일깨워 주었습니다.

사람들이 그에게 어떻게 그렇게 천재적인 과학자가 되었냐고 물을 때마다, 카버는 언제나 하나님께서 모든 것을 주셨다고 말했습니다. 정말 놀랄 만한 일은, 카버 자신이 새로 발견한 것을 돈벌이에 쓴 것이 아니라 필요로 하고 있는 누구에게라도 그 비밀들을 다 가르쳐 주었다는 것이지요. 세 명의 미국 대통령이 그와 친구가 되기를 원했습니다. 산업계에서도 그를 데려가려고 서로 경쟁했습니다. 만일 카버가 에디슨 연구소에서 일하기로 승낙했다면, 토마스 에디슨이 카버에게 연봉 백만 달러와 새로 지을 멋있는 연구소를 주기로 되어 있었다는 사실을 믿을 수 있습니까?

카버가 이 엄청난 돈과 매력적인 자리를 거절했을 때 어떤 사람들은 그를 이상하게 생각했습니다. 심지어는 의심을 하기까지 했지요. "그만한 돈이 있다면 좋은 일에 쓸 수 있지 않을

까요?"라고 묻는 사람도 있었습니다. 그러면 카바는 이렇게 대답했습니다:

"내가 이 많은 돈을 갖는다면, 나는 내 도움이 필요한 사람들을 다 잊어버리게 될 것이오."

그의 비석에는 이렇게 쓰여 있습니다:

> "그는 명성과 재산을 얻을 수 있었지만,
> 아무 것에도 관심이 없었습니다.
> 그는 세상 사람들을 위하여 헌신하며,
> 행복과 명예를 찾았습니다."

성공이란 무엇인가?

1923년 시카고의 한 호텔에, 세상에서 가장 성공한 재산가들이 한 자리에 모였습니다. 참석한 사람들 가운데는 세계 최대의 독립 철강회사 총수, 최대의 공익회사 총수, 가장 성공한 물품 투기업자, 뉴욕 증권거래소의 총재, 국제 결제은행의 총재, 그리고 세계 최대의 독점기업 총수 등이 있었습니다.

이 실업계의 거물들은 한 자리에 모여 당시 미 재무성(당시는 금 본위제였음을 기억하십시오)보다 더 많은 돈을 좌지우지했습니다. 여러 해 동안 대중 매체들은 이 부자들의 성공담을 보도했지요. 그들은 모든 사람이 본받을 표준으로 제시되었습니다. 특히 미국의 젊은이들에게요. 그들은 실업계에서 성공의 정점에 있었습니다.

25년 뒤, 이들이 어떻게 되었는지 한 번 살펴봅시다.

찰스 슈밥은 세계 최대의 독립 철강회사의 총수였습니다. 그러나 25년 후, 그는 빌린 돈으로 살아가다가, 죽을 때는 동전 한 푼도 없었습니다. 덧붙이자면, 그는 미국 역사상 처음으로 연봉 백만 달러를 받았던 사람이지요.

아더 커튼은 가장 크게 성공한 물품 투기업자였습니다. 그러나 그 역시도 외국을 떠돌다 극도의 가난 속에서 죽음을 맞이했습니다.

리처드 휘트니는 뉴욕 증권거래소의 총재였는데, 싱싱 교도소에서 복역 중이라고 합니다.

알버트 폴은 총재 고문단의 일원이었는데, 다행히 감옥에서는 석방되어 집에서 사망했습니다.

레온 프레이저는 국제 결제은행의 총재였는데, 자살로 생을 마감했지요.

이바 크루저는 당시 가장 큰 독점기업의 총수였는데, 역시 비참한 생을 자살로 끝마쳤습니다.

이들 모두가 한때는 성공의 표본이었습니다. 그들은 돈 버는 데에는 누구보다도 뛰어났습니다. 또한 실제로 많은 돈을 벌었습니다. 틀림없이 그들은 오랫동안 저축하고 연구하고 일했을 것입니다. 그러나 결론적으로는, 진정 아무도 제대로 사는 법을 배우지는 못했던 겁니다. 삶은 부나 물질을 획득하는 것 이상의 것인데도요.

예수님은 이전이나 지금이나 여전히 삶에 대한 올바른 전망입니다.

아서와 월터

아서와 월터는 좋은 친구였습니다. 그런데 아서는 인생에 한 번 있을까 말까 하는 대단한 기회를 놓쳤습니다. 어느 날, 월터는 아서와 함께 차를 타고 시골로 달렸습니다. 고속도로를 달려 과수원을 지나 자갈길을 내려와 사람이 살지 않는 드넓은 대지에 다다랐습니다. 몇 마리의 소와 말이 여기저기에서 뛰놀고 있었습니다. 그리고 쓰러져 가는 두 채의 오두막이 보였지요. 사방에 엉겅퀴가 흩날리고 먼지는 차 바퀴 뒤로 소용돌이치며 날렸습니다.

월터는 차를 세우고 아서의 뒤를 좇아 밖으로 나와서 자신이 세우려는 엄청난 건설 계획에 관해 열광적으로 일일이 묘사하기 시작했습니다. 그는 장황하고 자세하게 그림을 그리듯이 설명했습니다. 그는 매우 흥분했고 열광적이었습니다.

그는 아서를 향해 바라보며 자신의 사업에 유리한 지위를 차지하려면 지금 땅을 사 두라고 권했지요.

그러나 아서는 혼자서 생각했습니다. '도대체 이 말도 안 되는 사업을 위하여 누가 25마일을 달려온단 말인가? 이러한 모험은 너무 무모해.'

월터는 그의 친구 아서에게 설명을 계속 해나갔습니다. "나는 내 사업을 할 거야. 내 모든 돈을 투자하는 거지. 2년 후면 우리가 서 있는 땅에 울타리가 쳐지고 호텔과 레스토랑, 컨벤션 홀이 가득 들어서고 내가 만든 공원에서 휴가를 보내려는 사람들로 붐비게 될 거야." 그는 계속 말했습니다. "나는 자네에게 이 땅을 살 첫번째 기회를 주고 싶어. 5년 후면 땅 값이 수백 배 오를 게 분명하니까 말이야."

"내가 무슨 말을 할 수 있었겠습니까? 나는 그가 무언가 착
각하고 있다고 생각했지요."라고 후에 아서는 털어놓았습니다.
"나는 그의 이상이 상식 밖의 일이라고 생각했기 때문에 지금은
돈이 없고 나중에 모두 검토해 보겠다고 얼버무렸답니다."

"나중에는 너무 늦을 꺼야, 지금 당장 투자하는 게 좋을 걸.
차로 돌아가며 월터는 아서에게 다시 한번 강조하여 말했습니
다.

그렇게 아서 린크레터는 디즈니랜드 주변의 땅을 살 기회를
놓쳐 버린 것입니다. 아서의 친구 월트 디즈니는 아서를 설득
하려 했지만……. 아서는 월터가 허황되다고 생각했지요. 물론
지금 여러분은 두 사람의 우정에 관한 나머지 이야기를 알고
있을 것입니다. 얼마나 놀라운 일인가요! 놓쳐 버린 기회라는
것은 이런 것을 두고 하는 말입니다.

기본음

아이다호의 언덕에 살고 있던 어떤 양치기는 매주 일요일 밤
마다 멋진 음악을 틀어 주는 로스엔젤레스의 라디오 방송국 음
악프로를 열심히 듣는 애청자였습니다. 어느 날 저녁, 그는 고
전음악 콘서트를 청취하고 나서 그 방송국에 편지를 띄워 아주
특이한 신청을 했지요.

그 편지 내용 가운데 일부는 이렇습니다: "저는 당신 프로를
매주 듣는 애청자인데, 부탁 하나를 드리고 싶어 이렇게 편지
를 쓰게 되었습니다. 이곳 언덕의 생활은 고적하여 라디오를
듣는 것 말고는 이렇다할 놀이가 없지요. 저에게는 오래된 바

이올린이 하나 있답니다. 제가 한때 연주했던 거지만 지금은 줄이 엉망으로 맞춰져 있지요. 제가 바이올린의 줄을 다시 맞출 수 있도록 다음주 방송 가운데 피아노로 'A'(에이) 코드를 쳐주실 수 있는지요?"

처음에 그 편지를 받고 방송국 사람들은 웃음이 나왔습니다. 하지만 이윽고 그 요청을 받아들이기로 결정했습니다. 그 다음 일요일 방송이 진행되고 있을 때, 방송 진행자들은 그 양치기가 정확한 음을 맞출 수 있도록 몇 번이나 방송을 중단하고 스튜디오에 있는 피아노로 'A'음을 쳐주었습니다.

이 이야기는 짧지만 중요한 이야기입니다. 왜냐구요? 우리가 살고 있는 이 세상은 줄이 엉망으로 맞춰져 있어서 우리에게 정확한 음, 곧 기본음을 짚어 줄 절대적인 힘이 필요하니까요. 곧 우리의 삶과 생활을 위한 정확한 음을 우리에게 들려줄 수 있는 강력한 힘이 필요한 것입니다.

거의 이천 년 전에 팔레스타인이라고 하는 이름 없는 세상의 구석진 곳에서 하나님은 "때가 차서" 천국의 악기로 절대음을 들려주셨습니다.

사람의 아들이자 하나님의 아들인 나사렛 예수 그리스도가 바로 그 절대음이었지요. 그리스도께서는 인간의 삶을 자신에게 맞춰 조율하고 행동함으로써 인생에 대한 해답과 인생의 의미를 발견할 수 있도록 해주신 'A'음이셨습니다.

여러분은 그리스도께서 여러분 인생에서 'A'음을 치시게 했습니까? 여러분의 인생이 얼마나 불협화음이었고 얼마나 불일치되고 있었든지간에, 주님께서는 여러분의 인생을 하나님이 의도하시는 음을 내는 교향곡으로 돌려 놓으실 것입니다.

인생은 거칠고 힘든 것인지도 모릅니다. 인생은 아마 여러분의 꿈들을 부정할지도 모르며, 여러분의 귀중한 희망들을 없애 버릴 수도 있습니다. 또한 인생은 여러분에게서 가장 중요한 것이라 여겨지는 것을 가져가 버렸는지도 모르지요. 동시에 인생은 변덕스럽고 예측 불가능한 것인지도 모릅니다. 하지만 예수 그리스도 안에 대답이 있습니다! 그분이야말로 여러분이 여러분의 인생을 새로 짓거나 다시 지을 수 있는 기본 토대이지요. 예수님께서 여러분의 인생에서 'A'음을 치시게 합시다!

믿음

콜로라도 산지에서만 사는 어떤 미지의 새를 빼면 미국의 모든 새를 관찰한 바 있는 세계적으로 유명한 한 조류 연구가가 이 진기한 새를 관찰하기 위하여 여행을 떠났습니다. 드디어 이틀 후에 그 새를 발견하고는 그 새의 크기와 아름다움에 사로잡히고 말았습니다. 그래서 그는 자신이 거의 벼랑 끝까지 왔다는 것도 잊어 버리고, 그 희귀하고 아름다운 새를 향하여 걷기 시작했습니다. 결국 그는 벼랑에서 떨어졌습니다. 하지만 그는 굴러 떨어지다가 간신히 나무를 잡을 수 있었지요. 벼랑 꼭대기로부터는 백 피트 아래 지점이었고, 벼랑 아래로부터는 천 피트 되는 지점에서 그는 매달려 있게 되었습니다.

그는 힘껏 도와 달라고 소리를 질렀습니다. 그러자 그 순간 그를 안심시키는 소리가 들려왔습니다.

"내가 여기 있다!"

"당신은 누구시죠?"

누군가가 자신의 소리를 들었다는 것에 놀란 그가 물었습니다.

"너의 주님이다!"

"오오, 주님, 정말정말 고맙습니다. 더 이상은 오래 버틸 수가 없습니다."

"근데, 내가 너를 돕기 전에 네가 나를 믿고 있는지 알고 싶구나."

"주님, 진심으로 주님을 믿고 있습니다. 저는 일요일마다 교회에 나가고, 어떨 때는 수요일에도 교회에 나갑니다. 그리고 잘 이해하지는 못하지만, 적어도 일주일에 한 번은 성경을 읽고 있구요. 또 적어도 이틀에 한 번은 기도를 드리며, 매주 몇 천원씩 헌금을 하고 있습니다."

"그런데 네가 정말로 나를 믿고 있느냐?"

그 남자는 점점 더 다급해지고 있었습니다.

"주여, 주님께서는 제가 얼마나 주님을 믿고 있는지 알지 못하실 겁니다. 저는 백 퍼센트 주님을 따르고 있으며, 주님께서 말씀하신 것들을 완전히 믿고 있습니다. 믿습니다, 주여!"

"훌륭하구나! 자, 그러면 나뭇가지를 놓거라!"

"예에……?"

"네가 정말 나를 믿는다면, 나뭇가지를 놓거라!"

그 남자는 잠시 침묵하더니 냅다 소리를 질렀습니다:

"위에 누구 없어요?"

믿음이란 행동하기 전까지는 믿음이 아닙니다! 누가 감히 자신의 신념이 시험당할 때 그것을 극복하는 것이 쉬운 일이라고 말했던가요? 머릿속으로 이리저리 굴려보는 것은 믿음이 아닙니다.

바로 믿음이란 실체이며, 믿음이 행동으로 보여질 때라야 비로소 사실로 나타나는 것입니다.

다른 제자들도 예수를 믿는다고 말은 했지만 오로지 베드로만이 물 위를 걸었지요. 물론 그가 걷다보니 물에 젖기도 했으리라는 건 알고 있지만, 그는 몸소 행함으로써 그 경이로운 역사를 이뤄낼 수 있었습니다!

의사는 왜 늦었는가?

새벽 한 시경, 당대 최고의 의사로 인정받던 윈터 박사의 집 전화벨이 울렸습니다. 그 소리에 윈터 박사는 깜짝 놀라 잠을 깼습니다.

오늘밤은 어린 소년이었지요. 불행하게도 교통사고로 죽어가고 있다고 했습니다. 꼭 자고 있는 윈터를 깨워야만 했을 정도로 다른 의사들이 없었을까요? 적어도 지금은 아무도 없습니다. 소년을 살릴 수 있는 사람은 시카고에서, 아니 아마도 전 세계에서 오직 윈터밖에 없을 것입니다.

병원으로 가는 지름길은 우범 지역을 지나야 하지만, 소년의 목숨을 살리는 일이 더욱 급했습니다. 그래서 위험을 무릅쓰고 지름길로 가던 중 빨간불을 보고 차를 멈추는 순간, 회색 모자에 더러운 플란넬 셔츠를 입은 한 남자가 차문을 확 잡아당겨 열었습니다. "나는 차가 필요해."

그 남자는 소리를 지르며 윈터를 운전석에서 밀쳐냈지요. 그 순간 윈터는 자신이 얼마나 위급한지 설명하려 했지만, 그 남자는 들으려 하지도 않았습니다.

윈터는 45분이나 헤맨 후에 간신히 공중전화를 찾았습니다. 그리고 택시를 타고 마침내 병원에 도착했지만, 소년은 이미 목숨이 끊어진 상태였지요. 윈터는 문을 확 열어 젖히며 간호 사실에 들어갔지만, 간호사는 고개를 흔들 뿐이었습니다. 너무 늦었습니다. 소년은 이미 30분 전에 죽었던 것이지요.

"소년의 아버지가 소년이 죽기 바로 직전에 왔어요. 지금은 예배실에 있어요. 가 보세요. 그는 선생님이 오지 않은 것을 원망했어요." 하고 간호사는 말했습니다. 윈터는 몹시 혼란스러 웠지요.

아무 설명도 하지 못한 채 윈터는 재빨리 복도를 가로질러 예배실로 갔습니다. 예배실 앞 쪽에 한 남자가 웅크리고 앉아 흐느끼고 있었지요. 바로 회색 모자를 쓰고 더러운 플란넬 셔 츠를 입은 남자가! 그 남자는 자기 아들의 생명을 살릴 수 있는 유일한 사람을 자신의 인생에서 밀어내 버린 비극을 저지르고 만 것이었습니다.[26]

이 이야기를 읽으며 나는 이야기 속의 아버지와 똑같은 사람 을 알고 있는 듯한 이상한 감정이 들었습니다. 이혼을 한 어떤 남자가 시간이 없어서 새 아내를 구할 수도, 교회에 나갈 수도 없었습니다. 더욱이 사업도 점점 어려워지고 있기 때문에, 예 수님에 대한 생각도 더욱 미루게 될 판이구요.

불행하게도 사람들은 도움이 필요할 때에 도움을 줄 수 있는 유일한 것에 무관심한 경향이 있습니다. 하나님과의 관계를 회 복하고 늘 함께 하는 삶을 살면서 부부간의 조화를 잘 이루어 나가고 우리 자신과 아이들과의 관계 속에서 제 본분을 다 하 면서 최악의 경우에 대한 준비를 한다면, 그보다 더 좋은 것은 없을 텐데요. 결국 우리는 경험을 해봐야 깨닫곤 합니다. 그러나 문제는 인생은 되돌릴 수 없다는 점이지요. 인생은 앞으로 나아가는 것이며, 우리 대부분에게 인생은 쏘아놓은 화살같이 빠르게 흘러가는 것입니다. 그러니 지금 이 순간 빨리 결정하십시오!

나는 교사다!

나는 교사입니다.

나는 아이들의 입에서 질문이 나오는 바로 그 순간에 세상에 태어납니다.

나는 아테네의 젊은이들이 질문법을 통해 새로운 생각을 발견하는 것에 흥분하는 소크라테스입니다.

나는 헬렌 켈러에게 손으로 우주의 비밀을 알게 해준 애니 설리반입니다.

나는 모든 어린이의 교육받을 권리를 위하여 싸운 마르바 콜린스입니다.

나는 사람들에게 훌륭한 대학을 지어 주고 오렌지 상자를 이용해 책상을 만든 메리 맥클라우드 베튠입니다.

나는 기존의 관습에 정면 도전하기 위하여 투쟁한 벨 카프만입니다.

내가 현재의 직업을 갖도록 자극을 준 분들은 부커 워싱턴, 랠프 왈도 에머슨, 레오 버스칼지아, 그리고 모세와 같은 인도주의자들이었습니다.

나는 학생들에게 이름과 얼굴은 생각이 안 나도 가르침과 인품은 언제나 학생들 기억에 남아 있을 그런 사람입니다.

나는 제자들의 결혼예식에서 기쁨의 눈물을 흘렸고, 제자들의 아이가 태어날 때 환희의 미소를 지었으며, 젊은 나이에 먼저 간 제자를 묻을 때는 묘지 옆에서 슬픔과 혼란스런 마음으로 고개를 숙였습니다.

평생 동안 나는 배우, 친구, 간호사, 의사, 코치, 잃어 버린 물건을 찾아 주는 사람, 돈을 빌려 주는 사람, 택시 운전사, 심리학자, 대리 부모, 판매원, 정치가, 그리고 명예를 지키는 사람으로서 역할해 줄 것을 요구받았습니다.

의사는 순간의 신비로움을 통해 생명을 세상으로 인도할 수 있습니다. 그러나 나는 날마다 새로운 질문과 생각과 우정으로 새롭게 태어나는 인생을 볼 수 있습니다.

건축가는 자신이 심혈을 기울여 집을 지으면 수백 년 동안 지탱할 거라는 사실을 알고 있습니다. 그러나 교사는 사랑과 진리로 가르치면 그 가르침이 영원히 지속된다는 것을 알고 있습니다. 나는 일상 생활에서 동료들의 부담, 부정, 공포, 획일성, 편견, 무지, 무관심과 싸우는 전사입니다. 그런데 나에게는 강력한 동맹군들이 있습니다. 지식, 호기심, 창조성, 사랑, 웃음, 이 모든 것이 불굴의 지원을 받으며 나의 기치를 향해 돌진합니다.

나는 교사입니다![27]

나는 피곤하다

여러분에 대해서는 잘 모릅니다. 하지만 나로 말한다면, 나는 너무 피곤합니다! 여러 해 동안 나는 중년, 노년, 또는 그저

지루하게 나이를 먹어간다는 사실이나, 철분이나 비타민 부족, 공기 오염, 사카린, 비만, 식사, 겨드랑이 냄새, 비듬, 치석, 요통, 희끗희끗해지는 머리, 그리고 도대체 이 삶이 살 만한 가치가 있기나 한지 의심하게 만드는 열두 가지도 넘는 온갖 문제들에다 그 모든 탓을 돌려왔습니다.

그러나 나는 이제 이 모든 것을 나에게 감염시킨 것이 무엇이었는지를 발견했지요. 나는 과로때문에 피곤한 겁니다! 일을 하는 사람들은 극소수이기에 내가 과로할 수밖에 없지요!

미국의 인구는 약 250,000,000명 가량 되는데, 114,000,000명이 직업이 없다는 사실을 생각해 보십시오. 그러면 일할 사람은 136,000,000명이 남지요. 그러나 학교에 95,000,000명이 있으니까, 이제 일할 사람은 41,000,000명이 남게 됩니다. 이 사람들 가운데 22,000,000명이 정부에 고용되었으니, 19,000,000명 정도밖에 안 남지요. 여기서 4,000,000명이 미 합중국 병력으로 사용되니, 이제 일할 사람은 15,000,000명밖에 남지 않았습니다. 이 가운데 주, 시, 군의 정부에서 일하는 14,800,000명을 제외하면, 일할 사람으로는 200,000명밖에 남지 않습니다!

그런데 병원에 있는 사람들이 언제나 188,000에 달한다는 것을 생각한다면, 이제 어떤 일이든 할 수 있는 사람은 고작해야 12,000명밖에 남지 않았지요!

이 가운데서도 11,998명 정도가 대부분의 시간을 감옥에서 보내고 있습니다. 그 총량을 빼면 일할 사람이 단 두 명밖에 남지 않습니다! 아마도 그게 나와 여러분이 아닐까요?

헌데 지금 여러분은 이 글을 앉아서 읽고 있습니다! 그러니 이제 나밖에 없군요. 결국, 내가 피곤한 것은 당연합니다.

엉터리나마 숫자를 가지고 노는 게 재미있지 않은가요? 그러나 우리가 밑줄을 그어야 할 곳은, 노동은 인생과 생활에서 아주 중요한 자리를 차지한다는 사실입니다. 우리는 하늘은 스스로 돕는 자를 돕는다는 말을 들어왔고, 그것이 진리라는 것도 알고 있습니다. 우리는 생업과 근면과 창조성과 인내, 그리고 기업 정신으로 이렇게 풍족한 세상을 만들어 왔습니다. 하지만 우리는 뒤이을 두세 세대들에게도 이러한 원리들을 올바로 물려줘야 할 의무를 제대로 수행하고 있는 걸까요?

비문

여기 전국에 걸쳐 수집된 비문이 몇 개 있습니다.

어떤 치과 의사의 묘비:
　　"낯선 이여,
　　이 곳은 엄숙하게 다가가야 합니다.
　　존 브라운은 그의 마지막 충치 구멍을 막고 있습니다."

어떤 기자의 묘비:
　　"여기 기자가 누워 있습니다.
　　어디, 비꼴 테면 비꼬아 보시지.
　　자비로운 하나님이여,
　　그가 여기 조용히 쉬게 하소서!
　　그는 살기 위하여 거짓말을 하였습니다.

그래서 거짓말하는 동안 그는 살아 있었습니다.
그가 더 이상 거짓말을 할 수 없게 되었을 때
그는 누워서 죽음을 맞이했습니다."

뉴멕시코의 루이도에서 발견됨:
"존 이스트가 누워 있습니다.
일어나질 못하는 것에 대하여 용서하십시오."

월 스트리트 트리니티 교회 묘지에서:
"당신이 죽을 때 친구들에게 명심시켜라.
당신이 지금 살아 있듯,
나 또한 한때는 살아 있었다고.
당신도 언젠가는 나처럼 될 터이니
죽음을 준비하고 이제 나를 따라오라고."

매릴랜드 묘지 한 곳에서:
"여기 대리석 석공인 토마스 스미스의 아내
제인 스미스가 잠들다.
이 기념비는 그녀를 기억하기 위하여 세워진 것으로,
250달러만 주시면 똑같이 위로해 드릴 수도 있습니다."

캔자스의 월레스:
"그는 잭 두 개로 에이스 두 개를 이기려고 애썼습니다."

매릴랜드 주의 미드타운:
"난 최선을 다해서 싸웠으나, 패배하였습니다."

코네티컷:

> "여기 아모스 슈트·집사의 아내가
>
> 덜 익은 과일처럼 누워 있다.
>
> 그녀는 커피를 너무 많이 마셔서 죽었다."
>
> 서기 1840년(그런데 그녀의 이름이 뭐지?)

미시간 주에 있는 홀리 공동묘지:

> "그는 60세처럼 살았으며,
>
> 70세에 이르질 못하고 죽었습니다."

우울증 환자의 묘비에서:

> "내가 말했잖아요, 나는 아프다고."

인간다운 인간이 되기 위한 규칙

(1) 몸을 받아들이십시오.

좋든 싫든 그 몸은 여러분의 것입니다.

(2) 교훈을 배우십시오.

여러분은 인생이라는 학교에 등록되어 많은 것을 배울 기회를 갖게 됩니다. 여러분은 인생 수업을 좋아할 수도 있고, 무의미하고 재미없는 것으로 생각할 수도 있지요.

(3) 인생에 실수란 없습니다. 다만 배움의 연장일 뿐입니다.

성장은 시행착오의 과정입니다. 곧 실험인 거지요. 실패로 끝난 실험도 거쳐야 할 중요한 과정입니다.

(4) 인생의 수업은 여러분이 깨달을 때까지 계속됩니다.

하나의 교훈은 여러분이 그걸 완전히 익힐 때까지 끊임없이 다양한 형태로 여러분 앞에 제시됩니다. 그런 다음, 다른 교훈을 또 배우게 되지요.

(5) 배움의 길은 끝이 없습니다.

인생에서 배울 수 없는 순간은 단 한 순간도 없습니다. 여러분이 살아 있는 한, 배울 것은 반드시 있지요.

(6) 현재 있는 곳보다 더 좋은 곳은 없습니다.

더 좋아 보이던 곳에 가더라도, 그 곳에서 보면 또 다른 곳이 더 좋아 보일 것입니다.

(7) 다른 사람은 여러분의 거울입니다.

다른 사람에게 좋거나 싫은 점이 있다면, 그건 여러분 자신이 그 모습을 지니고 있기 때문입니다.

(8) 어떻게 사느냐는 여러분에게 달려 있습니다.

여러분에게는 필요한 모든 도구와 자원이 갖추어져 있습니다. 단지 그것을 어떻게 사용하느냐는 여러분에게 달려 있지요. 선택은 바로 여러분의 몫입니다.

(9) 대답은 여러분 안에 있습니다.

인생에 대한 질문의 답은 여러분 안에 있습니다. 여러분 스스로 보고 듣고 믿고 올바르게 선택하면 되는 거지요.

(10) 여러분은 이 모든 것을 잊어 버리십시오.

(11) 여러분의 인생에 도움을 청하십시오.

혼자 살 수 있는 사람은 아무도 없습니다. 모든 사람은 도움이 필요합니다. 그러한 도움은 하나님과 교제가 있을 때 존재합니다. 하나님을 여러분 인생에 초대하십시오!

(12) 여러분은 원하면 언제든지 이러한 사실을 기억할 수 있습니다.

절제의 자유

　버니스 크란과 리타 살바달레나는 워싱턴 주의 에베레트에
위치한 임신대책센터에서 자원봉사자로 일하고 있습니다. 그들
은 다음과 같은 '자유'를 이용하여 십대들이 성적 유혹에 '아니
오'라고 말할 수 있도록 가르치지요. 이 자유들은 스티브 포터
와 낸시 로치가 쓴 '십대를 위한 보조교과'에서 따온 내용입니
다.

　⑴ 임신과 성병으로부터의 자유.

　⑵ 피임 문제로부터의 자유.

　⑶ 조혼의 압력으로부터의 자유.

　⑷ 낙태로부터의 자유.

　⑸ 아기를 입양기관에 맡기는 고통으로부터의 자유.

　⑹ 성적 유린으로부터의 자유.

　⑺ 성 관계에 대한 죄의식, 의심, 실망, 걱정, 후회로부터의
자유.

　⑻ 스스로 몸을 통제할 자유.

　⑼ 데이트 상대와 인격적 관계를 형성해 갈 자유.

　⑽ 인생과 미래를 누리고자 하는 대로 계획할 자유.

　⑾ 자신을 존중할 자유.

　⑿ 이기적이지 않을 자유. 곧 사랑하는 사람을 성적 쾌락을
위하여 희생시키지 않을 자유.

　⒀ 당신의 과거를 배우자가 알게 되는 것을 걱정하지 않고,
결혼을 기대하며, 바람직한 아버지나 어머니가 되기를 바라는
사람에게 선택될 자유.

　⒁ 많은 친구나 이성과 함께 십대를 즐겁게 보낼 자유.

⒂ 헤어졌을 때의 극심한 고통으로부터의 자유.

⒃ 일생을 오로지 한 사람과만 결혼할 것이라는 강한 신뢰를 형성할 자유. 그런 부부는 두 사람 모두 결혼 전에 성적 유혹에 저항하는 것을 훈련해 왔으므로, 결혼 생활에서의 성적인 성실함을 서로 믿을 수 있습니다.

⒄ 이 다음에 성인이 되었을 때 부끄러움 없이 고등학교와 대학교 시절의 행복하고 즐거웠던 데이트 경험을 추억할 수 있는 자유.[28]

참으로 모든 것을 말해 주고 있습니다. 절제하기로 결심하십시오. 여러분이 원한다면 하나님께서는 은총과 힘을 내려주실 것입니다! 바로 절제가 해답입니다!

내가 정말 알아야 할 모든 것

어떻게 살아야 할지, 무엇을 해야 할지, 어떤 사람이 되어야 할지에 대하여 내가 정말 알아야 할 모든 것은 유치원에서 다 배웠습니다. 지혜는 대학원이라는 높은 산꼭대기에 있는 것이 아니었습니다. 그것은 주일학교의 모래사장에 있었습니다. 다음은 내가 배운 것들입니다:

모든 것을 나누어 가질 것.
정정당당하게 놀 것.
사람을 때리지 말 것.
썼던 물건은 제자리에 다시 갖다놓을 것.
자기가 어질러 놓은 건 자기가 치울 것.

남의 물건에 손대지 말 것.

누군가에게 상처를 입혔으면 미안하다고 할 것.

먹기 전에 손을 씻을 것.

힘차게 뛰어놀 것.

몸에 좋은 따뜻한 쿠키와 차가운 우유를 많이 먹을 것.

밖으로 나가면 차를 조심하고, 손을 잡고 다니고, 서로 꼭 붙어 있을 것.

균형 잡힌 삶을 살도록 적당히 배우고, 적당히 생각하고, 날마다 적당히 생활할 것, 그리고 색칠하고, 노래하고, 놀 것.

날마다 오후 낮잠을 잘 것.

호기심을 갖고 주의깊게 관찰할 것. 스티로폼 컵에 있는 작은 씨앗을 기억할 것. 뿌리는 내려가고 줄기는 올라가고, 아무도 어떻게, 왜 그런지 모르지만 우리 모두 그것과 같습니다.

금붕어와 햄스터와 흰쥐와, 그 스티로폼 컵 속의 작은 씨앗마저……모두 죽습니다. 우리도 그렇습니다.

그 다음엔 〈딕과 제인〉이라는 책을 기억해 보십시오. 제일 먼저 배운 말이 무엇이었나요? 그건 무엇보다도 중요한 바로 이 말……"여기 봐라!"

여러분이 알아야 할 모든 것은 여기 어디 쯤에 있습니다. 황금률, 사랑, 그리고 기초 위생, 생태학, 정치학, 평등, 그리고 건전한 생활……. 온 세계가 날마다 오후 세 시면 쿠키와 우유를 먹고 담요를 덮고 낮잠을 잔다면 얼마나 세상이 더 좋아지겠는지 상상해 보십시오. 아니면 모든 정부가 물건을 있던 자리에 되갖다 놓고, 자기네들이 어질러 놓은 잡동사니를 직접 치우는 걸 기본 정책으로 삼는다면 어떨까요?

나이를 얼마나 먹었든 상관없이 이것은 여전히 진실입니다. 세상 바깥으로 나가면 손을 잡고 서로 붙어 있는 것이 최선입니다.[29]

오늘의 삶을 위한 옛 지침

백 년도 훨씬 전에 로버트 루이스 스티븐슨이라는 사람이 있었습니다. 스티븐슨은 〈보물섬〉과 같은 유명한 책을 여러 권 저술한 작가라고 우리가 알고 있지요. 그의 작품들을 살펴보면, 삶을 좀더 행복하고 생산적으로 살아갈 수 있도록 도움을 주는 여러 규범들을 찾아볼 수 있습니다. 적어도 백 년 이상은 족히 되어 보이는 이 규범들은 그 때와는 또다른 모습을 하고 있지요.

(1) 행복해지겠다고 다짐하십시오. 아주 단순한 것에서 기쁨을 찾는 법을 배우십시오.

(2) 상황을 최대한 이용하십시오. 어느 누구도 모든 걸 가질 수는 없으며, 모든 사람은 나름대로 슬픔을 지니고 있습니다.

(3) 자신에 대하여 너무 심각하게 생각하지 마십시오.

(4) 다른 이의 비판으로 너무 마음 졸이지 마십시오. 모든 사람을 기쁘게 할 수는 없습니다.

(5) 이웃들이 당신의 삶의 기준을 정하게 하지 마십시오. 스스로 삶의 기준을 정하도록 하십시오.

(6) 하고싶은 일을 계속 하십시오. 그러나 빚을 져서는 안 됩니다.

⑺ 쓸데없이 걱정하지 마십시오. 상상이 실제보다 견디기가 더 힘들답니다.

⑻ 미움이 영혼을 죽입니다. 그러니 증오와 불만을 사랑하지 마십시오.

⑼ 흥밋거리를 많이 지니십시오. 또 여행을 할 수 없다면, 그 곳에 대하여 쓴 책을 읽으십시오.

⑽ 과거에 얽매인다던가, 과거의 슬픔과 실수를 골똘히 생각하느라 시간을 낭비하지 마십시오.

⑾ 아무 것도 이겨내지 못하는 사람이 되지 마십시오.

⑿ 늘 바삐 움직이십시오. 바쁜 사람은 슬퍼할 겨를마저 없습니다.

백 년이든 더 오래든 간에, 과거로부터 지혜가 묻어 나옵니다. 그 지혜는 실질적이고 현실적이고 기본적이며, 말을 행동으로 옮기는 것과 관계된 조언이지요. 그러나 문제는 아는 것이 아니라 그것을 삶에 실천하는 것입니다.

참고문헌

1) James S. Huett, ed., *Illustrations Unlimited* (Wheaton, IL: Tyndale House Publishers, 1988), 101쪽.

2) Helice Bridges, The Board for Difference Makers, Inc., Del Mar, CA의 회장, 요약.

3) Larry Pillow, *Parables, Etc.*, 1990. 12월호. 개작.

4) Cathy Rigby, *The Guideposts Tresury of Love* (New York, NY: Guideposts, 1978), 24-25쪽.

5) Jeff Letofsky, *Daily Sentinel*, Grand Junction, Colorado, 1988. 7. 17.

6) Rev. Billy D. Strayhorn, *The Pastor's Study File*, 1993. 5. 개작.

7) Gary Smally and John Trent, *The Blessing* (Colorado Springs7, CO: NavPress, 1988).

8) AP, *News Leader*, Springfield, Missouri, 1994. 3. 19.

9) J. Allan Petersen, *The Myth of the Greener Grass* (Sherman, TX: Bible Believers Evangelical Assn., 1983).

10) Robert J. Strand, *Love 101* (Green Forest, AR: New Leaf Press, 1993).

11) Elmer Bendiner, *The Fall of Fortresses*.

12) Richard Selzer, *Mortal Lessons*, 45-46쪽.

13) Erma Bombeck, 개작 및 요약.

14) Sylvia Porter, *Focus on the Family*, 1992. 1월호. 7쪽.

15) John B. Wilder, *Stories for Platform* (Grand Rapids, MI: Zondervan Publishing House, 1963), 48쪽.

16) Dina Donohue, *The Guideposts Christmas Treasury* (Carmel, NY: Guideposts Magazine, 1969).

17) Gary Smalley, *If Only He Knew* (Grand Rapids, MI: Zondervan Publishing House, 1988).

18) Josh McDowell and Norm Wakefield, *The Dad Difference* (Nashvill, TN: Here's Life Publishers, 1992), 61쪽.

19) Debby Smoot, *The Pastor's Story File*, 1992. 2월호.

20) Chuck Mylander, *Parables, Etc.*, 1989, 11. 개작.

21) Impression Printing.

22) *Moody Monthly*, 개작.

23) Brian Cavanaugh, *More Sower's Seeds* (Mahway, NJ: Paulist Press, 1992), 31-32쪽.

24) Dear Abby, *The News Leader*, Springfield, Missouri, 1993. 3.

25) *Newsweek*, 1992. 2. 10.

26) *Moody Monthly*.

27) John Schlatter, 동기 유발에 관한 대중 연설가, Cypress, California.

28) Alice Kalso, "World," *Parables, Etc.*, 1988. 9월호에서.

29) Robert Fulghum, *All I Really Need to Know I Learned in Kindergarten* (New York, NY: Ivy Books, 1989), 4-5쪽.

옮긴이의 말

소라껍질에 귀를 한번 기울여 보신 적이 있나요? 어떤 소리가 들리던가요? 사람들은 저마다 시인의 마음 되어, 소라에게서 남태평양의 바닷소리가 들린다고 합니다. 소라의 속삭임 속에는 어떤 메시지가 깃들어 있는 걸까요? 분주한 도시생활 속에 영혼마저 말라 버린 현대인, 돌아갈 고향을 잃어 버린 21세기의 실향민들에게 무엇을 알리려고, 소라는 저 머나먼 순례를 감내하며 여기까지 달려온 걸까요? 살아가는 데 여념이 없다보니, 주변을 돌아볼 시간이 없었습니다. 소라의 소리는 커녕, 바로 옆에 있는 이웃의 탄식소리에마저 귀를 막은 지 오래입니다. 그것이 영혼을 잃어 버린 현대인의 자화상이지요.

언젠가 내 고향 남쪽 바닷가에 가본 적이 있습니다. 코를 찌르는 석양무렵의 바다 내음과 함께 쏟아져 오는 파도소리……

해변을 거닐며, 오랫만에 속이 후련하고 심혼의 갈증이 축축히 적셔 드는 신선한 충격을 받았지요. 그것은 제 메마른 가슴을 후비고 들어왔습니다. 무어라 외침의 소리가 들려오는 것 같았습니다.

여러분에게도 지금, 무슨 소리가 들리지 않습니까? 옆에 있는 친구, 동료, 교우, 형제, 자매, 어머니, 아버지, 할아버지, 할머니, 아내, 남편, 그리고 아이들……그들의 가슴에다 귀를 대고 가만히 기다려 보세요. 무슨 소리가 들리지요? 맞습니다. 그것은 분명치는 않지만, 하나같이 상처입은 영혼의 소리들입니다. "외로워요, 그리워요, 괴로워요, 화가 나요, 미치겠어요, 죽고싶어요!……."

이 땅에는 이런 아픔의 소리들이 너무너무 많습니다. 그것은 현대를 살아가는 우리 남녀노소들의 등 뒤에 드리워지는 마음의 그림자들이지요. 멀쩡한 그 형제에게서, 항상 웃던 그 자매에게서 그리도 가슴아픈 곡절이 있었는지 새삼 놀라게 됩니다. 사람들은 이야기를 해보라고 하면, 저마다 아픈 사연들을 꺼내 놓습니다. 그것은 '상처'(傷處)들입니다. 유아, 어린이, 십대, 청년, 중년, 노년, 누구라도 예외가 없습니다.

누군가의 독백처럼, 인생의 아름다움은 옹이 진 나무의 옹골참과 상처를 진액으로 감싸고 감싸안은 진주조개의 아픔 같은 것인지도 모릅니다. 인생은 후회와 고통 속에 여물어 갑니다. 인간에게 가장 큰 고통은 그래서 바로 자신의 상처입니다.

이 책 〈위로의 영성〉에는 이렇듯 현대 사회의 갖가지 위기와 고난에 직면하여 상처를 받았던 영혼들이 어떻게 절망을 딛고 다시 일어나 희망의 내일을 열어 나갔는지를 증언해 주는 101가지 생생한 이야기가 깃들어 있습니다. 로버트 스트랜드 목사님이 40여 년이 넘게 평생 목회를 하시면서 가장 아름답고 가장 감동적인 이야기들만 애써 모으신 것입니다.

본디 원서에는 황금같은 이야기들이 더 많이 소개되고 있으나, 여기서는 희망과 사랑과 삶의 의미에 관련된 것만을 선별하여 다시 엮어 보았습니다. 이야기 하나하나가 한결같이 세상에서 가장 소중한 것들임에 틀림없습니다. 저 스스로가 많이 울기도 하였고, 시린 가슴을 쓸어내리기도 하였습니다. 정말 큰 위로를 받았습니다. 치유의 언어로서 여기에 내보인 이야기의 힘들은 정말 위대하였습니다. 예수님이 왜 복음 전달의 도구로 이야기들을 사용하셨는지 새삼 깨닫게 되었습니다.

바야흐로 오늘 이 시대는 상처입은 영혼들을 위로하고 치유하는 일이 그 어느 때보다도 더 절실합니다. 지금 이 시간도 현대 사회의 어느 골목어귀에서 영혼의 상처를 안고 한숨으로 긴 밤 지새우는 이들이 너무나 많기 때문입니다. 지금 바로 당신이 그런 영혼의 아픔을 지니고 살아가는지도 모릅니다.

아무튼 우리는 헨리 나웬의 적중한 표현대로, '상처입은 치유자'들입니다. 깊은 상처를 입어 보았기에, 이제 우리는 상처입은 이웃을 온전히 이해하고 공감하며 치유의 길로 이끌 수 있습니다. 부디 이 한 권의 책이 상처입은 영혼에 큰 위로를 줄 수 있는 뜻밖의 선물로 다가가기를 두 손 모아 기도드립니다.

깊은 산, 이야기들이 숨쉬는 곳에서
옮긴이

치유와 돌봄이 있는 희망의 선교동산

아침영성지도연구원

www.achimhope.or.kr

(1) 음악이 있는 아침
(2) 아침치유상담실
(3) 아침치유설교실
(4) 아침돌봄기도실
(5) 아침가정사역센터
(6) 아침영성지도세미나실
(7) 한국전문화목회연구원
(8) 오늘의 영성지도
(9) 영혼의 친구
(10) 아침인터넷강좌
(11) 아침인터넷서점
(12) 아침영성수련센터

"치유와 돌봄이 있는 희망의 선교동산" 아침영성지도연구원은 그리스도의 사랑과 희망 안에서 상처입은 이들의 영혼의 친구가 되어 온 세상에 영혼의 치유와 영혼의 돌봄 사역을 감당하고자 세워진 공동체입니다. 아침영성지도연구원은 주님이 오실 때까지 여러분과 함께 이 사역을 계속하고자 합니다.

위로의 영성

엮 은 이 로버트 스트랜드
옮 긴 이 신현복
펴 낸 날 2002년 10월 20일(초판1쇄)
펴 낸 이 길청자
펴 낸 곳 아침영성지도연구원
등 록 일 1999년 1월 7일(제7호)
홈페이지 www.achimhope.or.kr
이 메 일 hbyh8588@chollian.net
총   판 생명의 샘(02-419-1451)

* 책값은 뒷표지에 표시되어 있습니다.
* 가까운 책방에 책이 없을 때에는 017-706-7235로 전화주십시오.

ISBN 89-88764-22-X